初めて「学習支援」に
取り組む人のための

LD・学習困難の
（学習障害）
ある子どもへの
「学習支援」
入門

河村 暁
kawamura Satoru

はじめに

　発達障害の概念とともにLD（学習障害）の知識は広く知られるようになり、教育や支援の関係者ではない人でも一度は耳にしたことがあるほどになりました。しかし、LDや学習の困難にはどのような分類があるのか、なぜさまざまなLDや学習の困難が生じるのか、その原因論に対応してどのような支援が考えられるのかについては依然としてよく質問を受けます。どこかに向かわないといけないことは分かるが、どこへ向かうとよいのかが分からない、という実感があるのだと思います。

　そこで本書ではLDのある子どもに支援する人を念頭に置いて、専門的な書籍や支援方法への橋渡しとなるように、LDや学習の困難について包括的で一貫した説明を試みるとともに、よく聞く専門用語とその概念について解説をしていきました。

　本書は根拠に基づいた支援を目指してはいますが、実践から導かれる考え方も研究と同様に重視しています。研究が十分になされていない分野もありますし、子どもに向かい合う支援者がどのように実態を理解し、どのように支援の方向性を考えれば良いか分かりやすくするためです。したがって例えば算数障害を計算障害と問題解決の困難として別の章を立てて検討していくなど、研究の現状に比べると実践に合わせて踏み込んでいる点があります。必ずしも詳細にエビデンスが対応しているわけではないことをあらかじめご理解いただければと思います。

理論と実践とを結びつけやすくするため、本書で紹介している実践の方法は筆者が行ってきたものを主に取り上げています。すでに多くの優れた実践の蓄積が書籍として発表されていますので、詳しい支援方法はそれらをご参照下さい。

　また、支援の技術と技とは区別して考えることができます（e.g., 上田, 1986）。技術は言語で説明できるもの、技はそれぞれの支援者が持つ言葉では説明できないような技能のことです。本書では技術をできるだけ技の側に拡張しようとしました。そのような積み重ねの上に新たな技が生まれるサイクルの出現を指向しています。

　成人してから、子どものときの自分にLDがあったことに気づく人がいます。そうした人に聞き取りをすると「できないのは仕方ない」と思っていたので周囲の大人にあまり相談をしなかったというエピソードに会うことがあります。中には神社で算数ができるようにとお願いする子どももいます。アドバイスされた通りに繰り返し書いても漢字を書けず、繰り返し計算ドリルをやっても簡単な計算の答えを覚えられず、人に相談しても思わしい結果が得られなくて相変わらずできないことばかりに直面するからなのでしょう。子どもが神頼みではなく、人頼みになる世界であってほしい。

　そのためには支援者がLDの実態や支援を体系的に理解し、実践経験と融合することが重要です。本書がその支えの1つとなればと願っています。

　　2024年8月　　　　　　　　　　　　　　　　　　　　　河村　暁

第 1 章
LD（学習障害）、学習困難とは

Section 1	学習の難しさとは	10
Section 2	LD（学習障害）にはどんな種類があるのか	15
Section 3	LDが発生する要因	20
Section 4	LDの特性を把握するためのさまざまな検査	24
Section 5	さまざまな方面から見たLDの定義	28

第 2 章
読み障害の原因と支援のしかた

Section 0	読み障害のイントロダクション	36
Section 1	読みに困難がある子ども	38
Section 2	読み障害がなぜ生じるか①　音韻意識の弱さ	43
Section 3	読み障害がなぜ生じるか②　RANとワーキングメモリの弱さ	48
Section 4	読み障害のある子どもへの支援策	52
支援策1	音韻の学習	54
支援策2	語彙の学習	55
支援策3	単語読み・文字読みの学習	59
支援策4	中～高学年以降の漢字熟語の読み学習	61
支援策5	ローマ字の読み学習	63

第 3 章
書き障害の原因と支援のしかた

- Section 0　書き障害のイントロダクション……68
- Section 1　書きに困難がある子ども……70
- Section 2　書き障害がなぜ生じるか①　音韻意識の弱さ……75
- Section 3　書き障害がなぜ生じるか②　視空間情報の処理などの弱さ……80
- Section 4　書き障害のある子どもへの支援策……85
  - 支援策 1　基礎的な書字技能に関する学習……86
  - 支援策 2　方略を用いた学習……88
  - 支援策 3　長期記憶を活用する学習……91
  - 支援策 4　日本語のつづりの学習……93
  - 支援策 5　作文場面での字の使用……94
  - 支援策 6　英語のつづり学習……95

第 4 章
読解困難の原因と支援のしかた

- Section 0　読解困難のイントロダクション……98
- Section 1　読解困難がある子ども……100
- Section 2　読解困難がなぜ生じるか①　読みと語彙の弱さ、背景知識……105
- Section 3　読解困難がなぜ生じるか②　推論、ワーキングメモリの弱さ……110
- Section 4　読解困難のある子どもへの支援策……115

支援策1	語彙・背景知識を増やす	117
支援策2	文章の内容を記憶にとどめやすくする	118
支援策3	文章の内容を要約する	122
支援策4	設問の読解を支援する	124
支援策5	その他の読解学習支援	126

第5章 作文困難の原因と支援のしかた

Section 0	作文困難のイントロダクション	128
Section 1	作文困難がある子ども	130
Section 2	作文困難がなぜ生じるか① 書きとプランニングの弱さ	135
Section 3	作文困難がなぜ生じるか② 注意と長期記憶の弱さ	140
Section 4	作文困難のある子どもへの支援策	144
支援策1	絵を見て文を書く	147
支援策2	作文の材料を集める	150
支援策3	材料を整理し、情報を増やす	152
支援策4	その他の作文学習支援	154

第6章
計算障害の原因と支援のしかた

- Section 0　計算障害のイントロダクション　156
- Section 1　計算障害がある子ども　158
- Section 2　計算障害がなぜ生じるか①　数量処理の弱さ　163
- Section 3　計算障害がなぜ生じるか②　ワーキングメモリなどの弱さ　168
- Section 4　計算障害のある子どもへの支援策　173
  - 支援策1　計算の速さややり方をモニタリングする　175
  - 支援策2　数量処理を支援する　176
  - 支援策3　数の分解を支援する　177
  - 支援策4　繰り上がりのある計算をする　180
  - 支援策5　大きな数を分解する　181

第7章
問題解決困難の原因と支援のしかた

- Section 0　問題解決困難のイントロダクション　184
- Section 1　問題解決に困難がある子ども　186
- Section 2　問題解決困難がなぜ生じるか①　学習と認知処理　191
- Section 3　問題解決困難がなぜ生じるか②　言語理解など　196
- Section 4　問題解決困難のある子どもへの支援策　201

支援策1	長期記憶や子どもにある力を活用する	203
支援策2	長所活用と短所補償を支える	208
支援策3	自己効力感に留意する	211

第 1 章

LD（学習障害）、学習困難とは

1-1 学習の難しさとは

▶ 学習に困難のある子ども

　私達は字を読んで文章の意味を理解し、字を書いて自分の考えをまとめたり表明したりします。また、計算してお金を払ったり時間の計画を立てたり、どうすれば安く効率的に物事が運べるのか問題解決をしたりします。

　一方で一つ一つの字をいつ読めるようになったのかは、あまり覚えていません。8＋7は15と覚えていても小学校低学年のときに指を使ったり、それを10＋5に変換して計算したりしていたことは覚えていないかもしれません。読み書き計算は学習したプロセスを忘れてしまうほど「自然に」「周りのみんなと同じように」読めたり書けたり計算したりできるようになった人が多いでしょう。

　ところがこうした学習に著しく困難の生じる子どもがいます。

事例①　コミュニケーションは得意だが読み書き計算に困難があるみつえさん

　みつえさんは幼い頃から元気いっぱいの活動的な子どもで、大人の言うこともよく理解でき、こども園では他の子どもや大人と積極的にコミュニケーションをとりながら楽しく過ごしてきました。字を読むことにはあまり関心を示しませんでしたが、保護者も個人差

があることを知っていたのでそれほど心配せずに小学校に入りました。

　入学時に自分の名前は読めていましたがひらがなの1文字ずつとなるとほとんど読めていませんでした。夏休みに入っても読める字がほとんどなく、数を数えることもミスが生じがちで計算の答えも覚えられず、他の子どもよりもひどく計算が遅いのでした。お家で何度も繰り返し学習しますが理解できなかったり、その場では覚えても1日経つと忘れてしまったりしていて、「自分はバカ」と言って暗い表情を見せることも見られるようになりました。

　教科書をみんなで音読するときは、事前に家で保護者に助けてもらいながら文章を暗記し、自分も読んでいるフリをしていました。

事例② 状況の理解は得意だが読み書き計算に困難がある　れいさん

　れいさんは物静かな子どもです。字を読めるようになったのは同じ年齢の子どもに比べて遅かったのですが、周りの動きを見て行動することが上手で、低学年の間はそれほど問題が顕在化していませんでした。しかし、よく見ると文章を読む速さは遅く、読んでもなかなか理解に至りません。誰かに文章を読んでもらうとよく理解でき、行間を理解する力もあると思われました。漢字は訓読みを言えるのですが音読みは覚えていません。

　2年生のときに九九につまずき、高学年になっても完全には覚えていません。そのためわり算や、文章題など算数の学習全般に影響があり、小学校のテストは何度もやり直して空欄を埋めていましたが、後日テストするとあまり覚えていませんでした。

このような特徴を示す子どもは、字の読み書きや計算といった学習以外の場面では他の子ども同じようにできるため、「やる気がないから」「怠けているから」「親の育て方のせい」などと解釈されがちです。

学習の困難とは

この本で述べる「学習の困難」とは、「国語が得意・苦手」といった範囲を超えて、同じ年齢の子どもであれば自然と学習しているようなこと、あるいは繰り返し学習すればやがて定着するようなことに著しくつまずく状態を指します。具体的には、

- 字を読むことができない、できても非常に遅い
- 字を書くことができない、書けても正しく書けない、非常にゆっくりとしか書けない
- 計算ができない、できても誤りが非常に多く実用的ではない、非常に遅い

といった状態のことです。

それらに丁寧な指導を行っても同じ年齢の子どもと比べて学習の進み方が遅いままなのです。

学習の困難が生じる要因

学習にはさまざまな要因が関わります。本書ではLD（Learning Disabilities：学習障害）について説明していきますが、LD以外にも学習の困難が生じる要因はいくつもあります。

1つ目は全般的な知的発達についてです。**知的障害**がある子どもは、同じ年齢の子どもに比べて読み書きや計算の学習にしばしば遅れが生じます。また、知能検査の値が知的障害の範囲にはないものの平均の範囲を下回る「**境界知能**（BIF: Borderline Intellectual Functioning）」は、日常生活のやり取りは同じ年齢の子どもとそれほど違いがないようでも、学習や職業生活で著しい困難を示すことがあります（e.g., Fernell and Gillberg, 2020）。

　現在では知的機能とともに、生活に関するスキルを指す**適応行動**（萩原, 2015）または**適応機能**の重要性が強調されるようになってきており、医学的な診断基準では境界知能の用語が大きくは取り上げられなくなっていますが、支援を考える上では重要な視点であると思われます（平田正吾・奥住秀之（2023）を参照）。

　2つ目は、全般的な知的発達に遅れはないが学習に関わる脳の機能の働きに偏りや弱さがあって学習に困難が生じる場合があることです。ADHDがあると学習に困難が生じることが知られています（Frazier et al., 2007）。本書で主に取り上げる**LD（学習障害）**は読むこと、書くこと、計算することなどに困難が生じ、その困難が知的発達からは説明できない状態のことです。近年では医学用語の**限局性学習症**（**SLD**）も広く用いられるようになりました。

　3つ目は環境面が学習へ与える影響です。例えば家庭所得などを含んだ「家庭の社会経済的背景」（**SES:** Socio-Economic Status）が子どもの学力と関連する傾向（川口, 2023）や**虐待**を受けた子どもが読解・計算の成績が低いこと（Row & Eckenrode, 1999）が知られています。

　実践の現場では以上のような要因は単独で存在する場合もありま

すし、同時に存在する場合もあります。また、同じ要因であったとしても子どもの学習の困難の顕在化はさまざまで、困難が著しい子ども、困難が一見ないように思える子どもなど、一人ひとりの状態も異なります。

▶ LD（学習障害）と学習困難

本書では原因を問わず学習の困難が顕在化している状態を学習の困難・学習困難と呼びます。また、その要因の1つとして学習障害があるものとし、本書では主にこれについて考えていきます。

なお、国や学問領域によってさまざまなこれらに類する用語があり、さらに学習困難や学習障害も異なる概念を示すことがあります。

> **ポイント**
> ● 著しく学習に困難を示す子どもがいる。
> ● 学習の困難が生じる要因の1つにLD（学習障害）がある。

1-2 LD（学習障害）にはどんな種類があるのか

▶ さまざまな LD（学習障害）

　LD のある子どもには、読み・書き・計算など複数の困難がある子どももいますが、「計算はできるが読むことができない」子ども、「読むことはできるが書くことができない」子どもにも出会います。

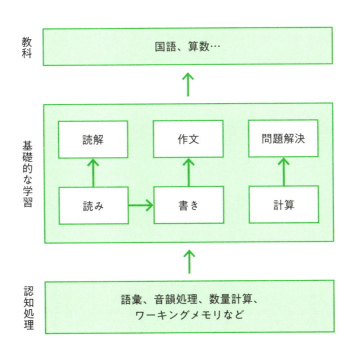

本書では、それぞれの学習の困難を前ページの図のように整理します。一般的に認識されるのは「国語が苦手」「算数が苦手」といった教科の観点かもしれませんが、LDの理解のためにはもう少し根底にある基礎的な学習の**読み・書き・計算**などに焦点を当てる必要があります。なぜなら、読むことに困難があると、国語の漢字の読みテストだけでなく文章読解にも困難が生じ、算数の文章題にも困難が生じるといったように、教科をまたいで困難が生じるためです。一方で読むことに困難はないが書くことに困難がある子どもは国語の中でできることとできないことがあります。

　本書ではそうした基礎的な学習の困難として読み障害、書き障害、計算障害のほかに読解困難、作文困難、問題解決困難の合計6つを取り上げ、考えていきます。

　さらに、これらの障害や困難の背景には語彙、音韻処理や数量処理などの認知処理の弱さが関わっています。それらについても学習支援を行うために理解しやすく重要な観点に絞って紹介します。

▶ 障害や困難の概要と関連性〜読み、書き、計算〜

　前ページの図の基礎的な学習の障害や困難について全体を説明します。

①読み障害

　読み障害は字を読むことの困難が生じる状態で、字を正確に読めない（字の読み方を覚えていない、思い出せない、似た形の字を読み間違える）、字を速く読めない（1文字ずつ拾い読みをする）などです。学校で教科書を読むことやテストの文章を読めずに解答することが困難となります。

　読み障害があると書きの困難につながります。一般的に「山」を

「やま」と読めなければ「やま」を書くように言われても書けないからです。

②書き障害

　書き障害とは字を書くことに困難が生じる状態で字を正確に書けない（字の書き方を覚えていない、思い出せない、画が抜けたり画の位置が不正確になったりする）、字を速く書けない（1文字ずつ書くのに著しく時間がかかる）などです。学校で時間割や振り返りをノートに書くこと、板書の視写、テストに解答することが困難となります。

　読み障害があると書きの困難が生じますが、一方で読み障害はないにも関わらず書き障害のある子どももいます。

③計算障害

　計算障害とは計算に困難が生じる状態で、1桁同士の計算の結果を覚えられない・思い出せない、計算の速さが遅い、計算の手続きを覚えられない・思い出せないなどです。読み障害と計算障害では、両方が併存する子ども、読み障害があるのに計算障害がない子ども、読み障害はないのに計算障害がある子どもなど、さまざまです。

障害や困難の概要と関連性〜読解、作文、問題解決〜

④読解困難

　読解困難は支援者から理解されにくい状態です。読み障害が字や文を見て音にすることの困難であるのに対して、読解困難は読んだ文章の内容を理解することに困難が生じます。文字の読みに困難があると必然的に読解に困難が生じますが、文字や文が読めても国語の読解の設問に答えられない子どもがいます。

逆に理解に困難はなく読みだけに困難がある子どももいて、誰かに国語の文章や設問を読んでもらえば答えられることがあります。これらの点から読みと読解は、重なる点もありますが、区別して考えることができます。

⑤作文困難

書き障害に対して作文困難とは作文を構想して修正しながら書いていくことに困難が生じる状態で、文字の書きに困難があると必然的に作文の困難が生じます。しかし、文字や文は書けるのに日記や感想文、国語の記述問題のような作文になると書くことが困難な子どもがいます。これらの点から書きと作文は、重なる点もありますが、区別して考えることができます。

⑥問題解決困難

問題解決として代表的なのは文章題です。文章題では文を読んで解決方法を考え、計算して答えを求めます。そのため計算障害があると問題解決にも困難が生じます。しかし、計算に困難はないのに問題解決困難のある子どもがいます。また、文章を読んで答えることから読みや読解に困難があると問題解決にも困難が生じます。

一方で読みや読解、計算に困難がないのに問題解決に困難が生じる子どももいます。これらの点から計算と問題解決は、重なる点もありますが、区別して考えることができます。

▶ さまざまな学習の困難の分類

本書では学習の困難を以上の6つに分類していますが、研究領域や実践分野において目的が異なり、その分類はさまざまです。

文部科学省のLDの定義では読む、書く、聞く、話す、計算する、

推論するを挙げています。また、アメリカ精神医学会の診断基準では限局性学習症の中に読字の障害、書字表出の障害、算数の障害を挙げ、その中に読字や読解力、計算や数学的推理の困難について取り上げています。Fletcher et al.（2019）は、単語レベル読み障害、テキストレベル読み障害、算数障害（計算と問題解決）、書字表出障害、自動化の問題を挙げています。

本書では実際に支援する際の認識のしやすさを考慮して、読み、書き、計算、読解、作文、問題解決の6つについて考えていきます。医学的診断名や既存の定義と完全に一致するものではないことにご留意ください。

> **ポイント**
> ● さまざまな学習の困難を示す子どもがいる。
> ● 読み、書き、計算、読解、作文、問題解決の視点から考える。

1-3 LDが発生する要因

▶ 学習の困難にはさまざまな認知処理が関わる

　字や文章を読むことに困難はないのに書くことに困難がある子ども、読むことに困難があるのに計算はできる子ども、さまざまな困難が同時に生じる子どもなど、一言でLD（学習障害）と言っても、子どもによってそれぞれに異なる困難の様相を示します。

　この背景には脳の機能の働きが関わっていて、例えば読みの学習に必要な働きに弱さがある子どもでは読みの困難が生じたり、計算の学習に必要な働きに弱さがある子どもでは計算の困難が生じたり、またそれらが同時に生じたりしています。これにはさまざまな機能の働きが複雑に関わっていて、まだ十分に明らかになっていないこともたくさんあります。

　右ページの図には、私達**支援者が子どもの困難を理解するときに役立つことを目的**として、認知処理の例を概略として示しています。必ずしも医学的、心理学的な原因論を直接的に表しているものではないことにご留意ください。

▶ 中核となる障害

　次章以降で説明していきますが、基礎的な学習の困難にはそれぞれ深く関わる障害が関わっています。例えば「ロボット」を「ボロット」のように不正確に覚えてしまうような、意味は分かっているの

に音を間違ってしまう**音韻処理**は読み障害に特に関わります（第2章を参照）。このような特定の学習に深く関わっている認知処理は**中核障害**（Core deficits）あるいは**領域固有の機能**（Domain-specific functions）の障害と呼ばれます。

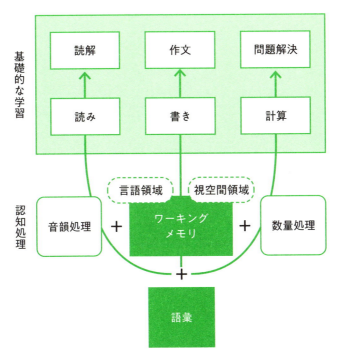

※基礎的な学習にはさまざまな認知処理が関わります。
※矢印は目安です。例えば計算に音韻処理も関わります。
※黒い塗りつぶしは相対的に領域一般の処理を示しています。

　書き障害には図形の形を扱うような**視空間情報の処理**や指を順番通りに動かす速さなどが関わっていると考えられています（第3章を参照）。
　計算障害には数の量を認識するような**数量処理**（あるいは数感

覚、ナンバーセンス）が関わっていると考えられます（第4章を参照）。

なお、領域固有の障害と言っても、1つの学習のみに影響するわけではありません。例えば音韻処理は読み障害だけに関わるものではなく、書き障害や計算障害にも影響を与えます。どのように影響を与えるのかは個人差や文化の違い、学習の種類による面もあり、現在も研究が進行中のことも多くあります。

▶ さまざまな学習に関わる障害

59＋18のような2桁以上の暗算をするときは、一の位の計算結果を記憶しておきながら十の位を計算します。また、文章を読んでいて「それは」という指示語が出てきたときに何を意味するのかすぐに分かるのは読んだ文章の内容を記憶しているおかげです。このように何かの目的のために情報を一時的に記憶する脳の機能は**ワーキングメモリ**と呼ばれます。読み・書き・計算だけでなく読解、作文、問題解決などさまざまな学習でワーキングメモリの働きは必要です（河村, 2019；湯澤・河村・湯澤, 2013；湯澤・湯澤, 2017）。

ワーキングメモリのように特定の学習のみだけでなく、さまざまな学習で働く脳の機能のことを**領域一般の機能**（Domain-general functions）や**領域ゼネラルな機能**と呼びます。領域一般の機能は幅広い学習に関わるもの、注意を向ける能力や、視空間的な情報を処理する能力、あるいは語彙の能力なども含まれます。研究者によっては学習に影響する不安のような感情も含むでしょう。

なお、領域固有と領域一般は明確に区別できるものではなく連続しているものです（Vogel & DeSmedt, 2021）。ワーキングメモリのテストの中にも数を扱うもの、言葉を扱うもの、図形を扱うもの

があるように、ある概念の中に数や言語領域、視空間領域のような領域固有に近いものがあります。前述のように読みについて領域固有の機能も計算に影響を与えます。

子どもの学習の困難が多様であるのはなぜか

　領域固有の障害と領域一般の障害はそれぞれ、あるいは組み合わさって学習に影響を与えます。例えばある子どもは音韻処理のみに弱さがあり字や文を読むことに困難がありましたが、文を読んでもらうと内容をよく理解できました。別の子どもは音韻処理と語彙に弱さがあり、読みだけでなく読解の困難が大きく、文を読んでもらっても十分に理解できませんでした。

　また、ある子どもは数量処理に弱さがありましたが語彙やワーキングメモリには強さがありました。計算は遅く算数に困難がありましたが中学の数学では関数をすぐ理解でき「簡単」と言いました。別の子どもは数量処理には弱さがないがワーキングメモリや語彙に弱さがあり計算はできるが問題解決に困難が生じていました。

　このようにその学習に限局した領域固有の機能とさまざまな学習に関わる領域一般の機能の視点があると、子どもの困難を理解しやすくなります。

> **ポイント**
> - 特定の学習に特に影響しやすい認知処理がある（領域固有の機能）。
> - さまざまな学習に関わる認知処理がある（領域一般の機能）。
> - 子どもによって領域固有と領域一般の組み合わせはさまざまである。

1-4 LDの特性を把握するためのさまざまな検査

▶ LD（学習障害）の特性を理解するための心理検査

　どのようにすればLDの子どもの学習の困難や、認知処理の強さ弱さを判断できるでしょうか。

　LDの判定で用いられる検査にはさまざまな種類があります。全般的な知的発達を推定するために最も用いられるのは**WISC-V**（ウィスク・ファイブ：Wechsler Intelligence Scale for Children - Fifth Edition）知能検査です。LDのある子どもに支援をした経験のある人は前バージョンのWISC-Ⅳや最新のWISC-Vの結果を目にすることが多いでしょう。

　WISC-Vは世界的に広く用いられている知能検査で、テスターと子どもが個別で1時間程度をかけて実施します。子どもの知的機能・認知処理のさまざまな側面を知ることができます。

　ただし、検査の使用には高度な専門性が求められることから**心理検査使用者レベル**（e.g., 日本文化学社, 2020）が定められ、WISC-Vのような知能検査は心理学などの博士号や公認心理師など心理検査に関わる資格などを有している（レベルC）必要があります。そのため、検査を一般の人は購入できません。心理検査は高度な専門性と厳密な手順に沿って多くの年月・人手を費やして完成するもので、一般の人が予想するよりも検査本体は高価なものです。したがってWISC-Vを受けられるのは医療機関など専門機関とな

ります。

これ以外にも **KABC-Ⅱ**（ケー・エービーシー・ツー）や **DN-CAS**（ディーエヌ・キャス）などの検査やアセスメントがあります。これらは異なる知能理論に立脚していたり、基礎的な学習到達度テストを含んでいたりと個々に特長があります。**WAVES** は視知覚や眼と手の協応などについて知ることができます（詳細は P.74 参照）。

▶ 学習の特徴を理解するためのテスト

読みの困難、書きの困難などを把握するにはどのようにすればよいでしょうか。

すぐできることとしては、国語や算数のテスト、作文や連絡帳、日常での様子を観察することが挙げられます。日常での様子を観察する際は文部科学省が調査に用いたチェック項目が公開されている（e.g., 文部科学省 , 2022）ので、参考にするのもよいでしょう。

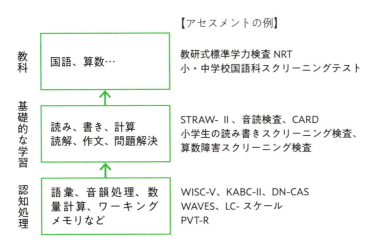

※アセスメントの分類は便宜的なものです。KABC-Ⅱ に基礎的な学習のテストが含まれていたり、算数障害スクリーニング検査に認知処理のテストが含まれているなど、それぞれのアセスメントの区分は必ずしも明確ではありません。

これらからは重要な質的なデータを得ることができますが、それをもってLDと判断することができない点には留意します。例えば国語の漢字テストでは誰にとっても読みよりも書きの方が答えにくいので、書きテストの得点が読みテストの得点より低くても書き障害と言えるわけではありません。書き障害と判断するには「同じ年齢の子どもと比べてどの程度書きに困難があるのか」「何学年程度、書きの到達度に遅れがあるのか」を調べる必要があります。
　また、学校のテストは集団で実施し一人ひとりの状況が分からなかったり、難易度が異なっていたり、教育上の配慮からヒントが与えられている場合もあったりして子どもの困難を推定するにはさまざまなノイズも含まれていることを考慮しなければなりません。

　専門機関で用いられるテストには**STRAW-R**（改訂版 標準読み書きスクリーニング検査）などがあります。KABC-Ⅱにも読み書きや計算等の学習到達度のテストが含まれています。これらは一般の人は購入できなかったり、利用に専門性が求められたりします。
　他には、読みや書き、計算等の学習到達度を判定できる書籍が市販されています。学校現場や家庭では安価あるいはコピーして使えるものが使いやすいでしょう。
　音読検査や**算数障害スクリーニング検査**などは誰もが利用できます。ただし、心理検査使用者レベルが設定されていないこれらのテストでも倫理面の配慮、本来の目的から外れるテストの利用をしないことなど、心理検査に準じた使用上の配慮は必要です。

▶ テストの利用には専門性・領域横断性が求められる

　ここまで述べてきたようなテストを実施することですぐLDの診断や判断ができるわけではありません。知能検査の値は数字で示さ

れますが、正しく解釈するには知能理論について学んでいて、数値がどのような範囲にあるのか、それが理論的にどのような意味を持つのかを理解でき、数値が実生活とどのような関連があるのかを知識や経験から知っている必要があります。

このようなテストの実施や解釈を適切に行うことができると考えられる専門的な職業や資格には、特別支援教育や心理の領域を専門とする大学教員や、医師、言語聴覚士、公認心理師のような国家資格、学校心理士、特別支援教育士のような学会認定資格があります。それぞれの資格には専門領域の強みがあります。心理検査の実施を主に行っている人、主に心理検査の結果に基づいて支援を行う人もいますし、それらを両方行っている人もいます。それぞれの強みを生かした支援につなげることが重要です。

これらのテストを実施すると子どもの強みや弱みが明らかになります。しかし、子どものことがすべて分かるわけではありません。日常生活や学校生活での会話の様子、さまざまな場面での音読の様子、子どもが書いたもの、計算や文章題のプリントや取り組んでいるときの様子、多動・衝動性や不注意がないか、社会性やこだわり、不安がないかなど質的な情報と心理検査のテスト結果を結びつけて子どもを多面的に理解する必要があります。

> **ポイント**
> - 学習の特徴を理解するために認知処理、基礎的な学習、教科についてのテストを利用する。
> - 学習の特徴を理解するテストには知能検査や読み書きのテストなどがある。
> - テストの実施には専門性が求められるものがある。

1-5 さまざまな方面から見た LDの定義

▶ LDの制度的な定義

LDの**制度的な定義**としては教育分野における文部科学省（2004）を見てみましょう。

> 学習障害とは、基本的には**全般的な知的発達に遅れはない**が、**聞く、話す、読む、書く、計算する又は推論する能力**のうち特定のものの習得と使用に**著しい困難を示す**さまざまな状態を指すものである。

これは次の2つの要素がLDを判断する基準になっていることが分かります。

・知能検査の値が平均的な範囲にあること
・一方で学習のテストの成績が低いこと

全般的な知的発達はWISC-Vなどの標準化された知能検査によって測定されます。また、学習の水準は2学年遅れていることが目安とされます。学習が低達成度にあることで定義されるため、これを用いてLDのある子どもを特定しようとすることは、**ローアチーブメント**（低到達度）**メソッド**（Low Achievement methods）と呼ばれることがあります。

この定義により、知的障害はないが学習に著しい困難を示す子どもの存在を明確に示すことができ、そうした子どもを制度面に位置づけることが可能になりました。このような認識がなければ「知的発達に遅れがないのだから、学習に困難があるのは怠けているからだ、やる気がないからだ」と解釈されてしまい、支援の対象からもれてしまいます。

 研究や支援のための定義の方法

実際の支援では、さまざまな子どもに出会います。IQ（知能指数）が平均の100で学習到達度テスト（ここでは数値の基準がIQと同様であるとします）の値が平均より下の範囲の80の子どもと、IQが80で学習到達度テストの値が80の子どもがいたら、どのように理解すればよいでしょうか。前者はLDの定義に当てはまるとして（日本では文部科学省の定義で2学年以上の遅れが目安とされます）、後者は知的発達の水準と学習到達度の水準が同じです。適切な支援を行うためにどのように理解すればよいでしょうか。ここではFletcherら（2019）の示した枠組みを紹介します。

①認知ディスクレパンシーメソッド

第1のアプローチとしてIQと学習到達度の差に着目するやり方、**認知ディスクレパンシーメソッド**（Cognitive Discrepancy methods）があります（ディスクレパンシーは、不一致、相違などを意味する単語で、いくつかの指標に差があることを示します）。

このアプローチではIQと学習到達度に統計的な有意差がある、例えばIQが100で学習到達度テストが80の子どもをLDと判定します。IQも学習到達度テストも80の子どもはローアチーブメント（Low Achievement: LA）とします。これならば手続き的にどのよ

うな子どもがLDなのかを明確に定義することは可能です。

　ただし、LDの子どもとLAの子どもで後々の読み到達度に大きな違いが見られないこと（Shaywitz et al., 1999）や、IQそのものが支援計画の策定に有益である証拠が少ないこと（Elliot & Resing, 2015）などが指摘されています。

②強み・弱みのパターンメソッド

　第2のアプローチとして**強み・弱みのパターンメソッド**（Patterns of strengths and weaknesses: **PSW**）があります。WISC-VやKABC-Ⅱなどで認知的な強みと弱みを明らかにして、それが学習の強さ・弱さと関係していると考えます。左図に示すのはその1つのディスクレパンシー一貫性メソッド（DCM: Discrepancy Consistency Method）（Naglieri and Otero, 2017）の例です。

　ここでは認知評価システムのDN-CASの得点で強さ、弱さを明らかにし、また学習到達度テストでの強さ弱さの一致を見るもので、上段には強さのある指標の得点、下段は弱さについてであり左側には認知的な指標、右側には学習到達度の指標の得点が示されています。

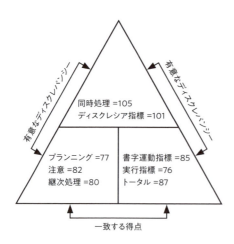

③介入に対する反応メソッド

第3のアプローチとして**介入に対する反応メソッド**（response to interventions: **RTI**）があります。下左図に示すように第1、第2のアプローチは支援が必要と考えられる子どもに知能検査などのテストを実施し、判断を行い、その後支援を行います。

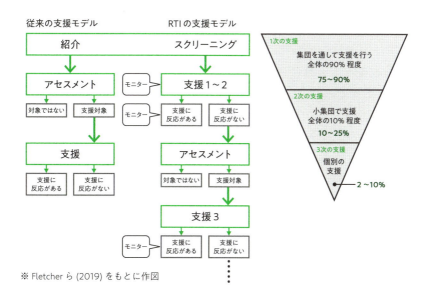

※ Fletcherら(2019)をもとに作図

RTIではまず適切と考えられる支援を行います。そしてその際に支援効果を**モニター**していきます。計算の支援に対して計算の速さが向上するなど支援の効果がある、すなわち支援に反応（レスポンス）する子どもは引き続きモニターします。反応しない子どもに対して知能検査などのテストを行い、さらに個に応じた支援を行っていきます。

上右図の三角形の図は子どもの人数の割合を視覚的に表したもので、スクリーニングや支援1、支援2は集団や集団の中でのグループ、

あるいは小集団を対象とした支援が想定されます（1次、2次の支援）。そして子に応じた3次の支援は全体からみた割合としては小さい人数が対象となります。

　従来の支援モデルではアセスメントを実施し支援の対象となることが判断されてから支援が開始されます。RTIでは通常学級の授業や環境を学習に困難のある子どもにも配慮するものとし、それでもなお困難がある場合に個に応じた支援がなされるので支援の空白期間が無くなる利点があります。これは従来のモデルと対立するものではなく融合した**ハイブリッドモデル**とも言えます。

　モニターはどのように行うのでしょうか。日本でも研究や実践がなされていて（野田, 2020）、**プログレスモニタリング**と呼ばれるやり方では短時間で終わるような文字や計算のプリントに取り組みます。そして例えば下左図のようなプリントで一定時間に正しくできた計算を一定期間ごとに記録しグラフ化します（上右図）。どの子どもも次第に速くなりますが速くならない子どもや、その速さの向上が十分でない子どもを支援の対象としていきます。このような

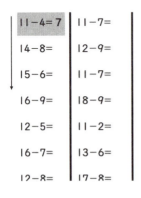
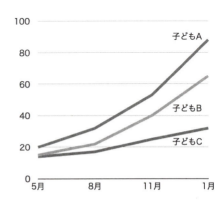

モニターは困難のある子どものスクリーニングや支援の効果を明らかにするために役立ちます。

医学分野での定義と RTI

医学分野での定義として知られる、アメリカ精神医学会の DSM-5-TR による LD の定義を見てみましょう。

> 学習や学業的技能の使用に困難があり、その困難を対象とした介入が提供されているにもかかわらず、以下の症状の少なくとも1つが存在し、少なくとも6カ月間持続していることで明らかになる：
> 不的確または速度が遅く、努力を要する読字
> 読んでいるものの意味を理解することの困難さ（以下略）

この定義は冒頭に掲げた教育分野の定義である文部科学省と同時に示し比較されることがよくあります。文部科学省の定義との違いの1つに、下線部が示すように『「支援（介入）を行ったにもかかわらず」困難が依然としてあること』が挙げられます。この意味するところは RTI の支援モデルの仕組みを知っていると奥行きを持って理解することができるでしょう。

日本における PSW と RTI

強み・弱みのパターンメソッドは専門機関を中心として WISC-ⅣやWISC-V、KABC-Ⅱ、DN-CASなどを用いて子どもの認知特性を理解し支援に結びつけることが行われてきました（上野ら, 2015）。

RTI は日本での実情に合わせた**多層指導モデル（Multilayer Instruction Mode: MIM）**が知られており（海津ら, 2008; 海津・杉本, 2016）、研究者と実践者が連携しながら通常学級などで実践が行われています。

　本書は主として PSW による支援方法を考えていきますが、今後、日本でも RTI による支援はますます重要性を増していくでしょう。

> **ポイント**
> - LD を定義し支援するいくつかのアプローチがある。
> - RTI では支援を行ってモニターを行い、効果がないとき個別のアセスメントや支援を行う。
> - 日本での RTI として MIM が研究・実践されている。

第 2 章

読み障害の原因と支援のしかた

2-0 読み障害のイントロダクション

読み障害とは

字を読む学習に著しい困難さを示す状態です。この困難は知的発達の遅れによっては説明できないものです。

さまざまな読みの困難の例

読みの困難という共通点がありますが、語彙量やその他の特性、環境の違いから一人ひとり異なる症状を示します。

たろうくん
- 診断前（就学前）：特に問題は指摘されない。
- 診断時期（就学前後）：かなや漢字の読み書きが難しい。

ゆかりさん
- 診断前（就学後）：時間はかかるが学習が進む。
- 診断時期（小学校中学年）：漢字熟語の読み方が覚えられない。書きが苦手。

けんたくん
- 診断前（小学校）：時間はかかるが学習が進む。
- 診断時期（中学生以降ときに成人）：英語の読み書きが困難。日本語は読めるが読みでは頭に入りにくい。

読み障害の原因

● 言葉の「音（音韻）」の情報をうまく処理できない

※視覚的な情報の処理の難しさが指摘されることもあります。

- ボロット（ロボット）
- ほしい（おしい）なあ

支援上のキーポイント

　読みの困難はさまざまな学習につながりがちなので、予測して支援します。

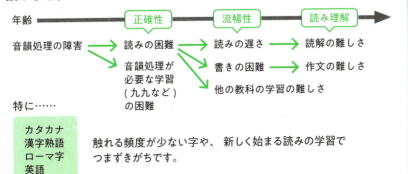

特に……

- カタカナ
- 漢字熟語
- ローマ字
- 英語

触れる頻度が少ない字や、新しく始まる読みの学習でつまずきがちです。

支援

　集団の中での支援、個別の支援、合理的配慮を行っていきます。読みの困難を補うような支援、読みの力を伸ばす支援を行います。

合理的配慮・集団での支援例

- タブレットの使用、音声読み上げソフトの使用
- 板書量を減らす
- 視覚的な情報を活用
- 注意を焦点化できるようものさしやスリットを使う
- ノートの時間確保
- ひらがなでも正解
- 選択式のテストを含める
- 別室でテスト

個別支援例

- 語彙学習
- 視覚的に文字を学習し、再認で読み方を学習する
- 言葉の意味を学習し、漢字の読みを学習する
- 「検索」を用いた学習

第2章　読み障害の原因と支援のしかた

2-1 読みに困難がある子ども

読みに困難のある子どものケース

　会話は問題なくできるのに、字を読むことに困難のある子どもがいます。

事例①
小学校に入っても字が読めない
たろうくん
　保育園の頃からお話も上手で理解力も高い子どもだと、周りの大人から思われていました。しかし、小学校入学が近づいても読める字が増えず、自分の名前にある字が1文字ずつ読めているかどうか、という状態でした。

　プリントや文字カードを使って学習しましたが、なかなか読める字が増えません。小学校に入ってからも読める字がほとんど増えず、夏頃になってから専門機関を受診し、読み障害の診断を受けました。

事例②
読みが遅い、漢字熟語の読みが覚えられない
ゆかりさん
　口数の少ない子どもと言われていたゆかりさんは、字は小学校に入ってからかなりの練習を積んで読めるようになりましたが、

他の子どもに比べて読む速さがゆっくりで読み間違いもよく見られました。学年が上がるにつれ他の子どもとの差が目立っていきました。

教科書は何度も練習してスムーズに読めるようになりますが、読んでいるというよりは覚えているようで、新しい文章だとまた苦労しながら読んでいくのでした。

漢字の学習では1文字ずつならばなんとか覚えていきますが、漢字熟語の読み方はなかなか覚えられません。また字を書くことも苦手で、ひらがなや漢字を思い出せなかったり、「～は」を「～わ」と書いたり、「～です」と書こうとして「～れす」と書き間違えたりします。学年が上がってからは書けたとしても「親友」を「新友」とするような誤りがよく見られました。

事例③ 特殊音節の読みが難しかった、英語の読み学習に困難 けんたくん

スポーツが大好きなけんたくん。ひらがなは小学校へ入学後に読めるようになっていきましたが、「きゃきゅきょ」のような特殊音節の読み方や書き方がなかなか定着しませんでした。

読む速さも他の子どもに比べてゆっくりで、「～です」を「～だ」のように推測して間違って読むことがありましたが、次第に読めるようにはなりました。さらに、国語の文章を読んで十分に意味を読み取れないときでも、大人が文章を読んであげると正確に答えることができる場合があります。

ローマ字の学習でも時間がかかりましたが、最も困難だったのは英語の学習でした。読めるようになった単語が増えてからもThisを「チス」と読んで修正が難しかったり、「skool」とスペリングの誤りが頻出したりしました。

読みに困難のある子どもや大人

　1896年に医師のモーガンが「語盲」として報告した事例が世界で初めて読み障害が報告された例であると言われています。事例は14歳の男子で、視覚・聴覚に異常はなく、担任からも口頭でのやり取りはクラスで最も聡明と評価されていましたが、アルファベットの読み（i→アイと読める）はできでも、単語の読み（例：Mike→エム・アイ・ケイ・アイとしか読めない）ができませんでした。

　著名人では映画監督のスティーブン・スピルバーグや俳優のトム・クルーズなど多くの人が読み障害があることを公表しています。

読み障害の教育分野での定義

　教育分野では文部科学省による以下のLD（学習障害）の定義の中に「読むことについて」が含まれています。

> 　学習障害とは，基本的には全般的な知的発達に遅れはないが，聞く，話す，読む，書く，計算する又は推論する能力のうち特定のものの習得と使用に著しい困難を示す様々な状態を示すものである。学習障害は，その原因として，**中枢神経系に何らかの機能障害**があると推定されるが，視覚障害，聴覚障害，知的障害，情緒障害などの障害や，**環境的な要因**が直接的な原因となるものではない。

この定義では、知能検査で測定される知的発達に遅れはないにも関わらず、読むことに困難が生じることが示されています。中枢神経系とは脳のことを指します。また、機能とは構造に対比されるもので、機能障害とは構造に明確な異常はないがその働きに偏りがあることを示します。近年発達したfMRIや光トポグラフィによって何か課題に取り組んでいるときの脳の活性化をリアルタイムで測定できるようになりましたが、読みの困難のある子どもでは特に脳の左側の言語を処理する部位において機能障害が示されています。

　他にも環境的な要因として、家庭の収入によって子どもの学力が影響を受けることや、虐待によって学力や知的能力に影響を受ける場合のあることが示されています。環境的な要因によって生じた学習の困難をLDとは呼びませんが、LDのある子どもも環境的な要因の影響を受けます。不適切な環境は学習に負の影響があり、逆に適切に支援することで学習に正の影響があるため、LDのある子どもにおいても環境の要因は常に考慮する必要があります。

読み障害の医学分野での定義

　医学分野を見てみると、DSM-5-TRで**限局性学習症**（Specific Learning Disorders：SLD）の定義の中に次のように含まれています。

> 　学習や学業的技能の使用に困難があり、その困難を対象とした介入が提供されているにもかかわらず、（中略）少なくとも6カ月間持続していることで明らかになる。
> 　**不的確**または**速度が遅く**、努力を要する読字（例：単語を間違ってまたゆっくりとためらいがちに音読する、しばしば言葉を当てずっぽうに言う、言葉を発音することの困難さをもつ）

DSM-5では、学習の困難を知的障害や不適切な教育的指導によってはうまく説明できないものとしています。

 ## 読み障害の出現率

　日本の**教員を対象とした調査**で「読むまたは書く」ことに困難のある子どもが2.9%いるとされています。また、英語圏では読み障害のある子どもはおよそ5〜12%であるとされます（Katusic, 2001）。

　文化によって使用する文字体系が異なることや、子どもに直接検査を行うのか教師が子どもの困難の有無を評価するのかによっても、出現率は異なります。

> **ポイント**
> - 音韻意識の弱さは読みの学習の困難の原因となる。
> - ひらがなに比べるとローマ字や英語では文字と音を対応させにくく学習が難しい。

2-2 読み障害がなぜ生じるか① 音韻意識の弱さ

読み障害の子どもが示す認知特性：音韻意識の弱さ

　読み障害の原因は何でしょうか。知的発達に遅れがない子どもでも読むことだけが難しいのはなぜなのでしょうか。読み障害のある子どもでは、例えばテスター（テストする人）が「とむたちらぶ」と言って、子どもがその通りに復唱するような検査をすると「とむらち？」のように音が脱落したり、入れ替わったりして同年齢の子どもに比べて著しい弱さを示すことがあります。

　このような実在しない単語、**非単語**を復唱することに難しさを示すのです。単語を記憶することに比べれば非単語を復唱することは「とむらち？」のように音が脱落したり、入れ替わったりして誰にとっても難しい課題となりますが、読み障害のある子どもにとっては特に難しくなることがあります。

　また、読み障害のある子どもは、言葉の音の構造を認識することに弱さを示すことがあります。例えば絵を見て音の数だけ拍手する課題があります。「たいこ」なら3回が正解ですが、読みに困難のある子どもでは「パン、パン」と2回だけ拍手をしたりします。「たい（パン）・こ（パン）」のように音を捉えているのです。

言葉の音の真ん中を取り出す課題では、「たいこ」なら「い」が正解ですが、このケースのように「たい・こ」と2つに捉えていると真ん中の音はないことになります。「たいこ」と言うことができても、正しく答えられないのです。

このような言葉の音の構造を認識することは**音韻意識**と呼ばれます。読み障害のある子どものなかに、「しりとり」が苦手な子どもがいるのは、音韻意識の弱さが原因と考えられます（P.46の「体験してみましょう）」参照。

なぜ音韻意識の弱さがあると読み障害が生じるのでしょうか。

音韻意識の弱さのある子どもは実在する言葉でも「たいいく」を「たいく」、「ロボット」を「ボロット」のように音が脱落したり、置換したりしていることがあります。ある子どもは「せっけん」のことを「けっせん」と思っていました。

この子どもが字を習い始めるときに「せっけん」と書かれた紙を大人に読んでもらったらどうでしょうか。「これが『けっせん』か」と思います。すると、「せ」の字に「け」の音を、「け」の字に「せ」の音を当てはめてしまいます。これにより、文字の正しい読み方を学習できる確率が下がってしまうのです。もちろん学習を進めるうちに徐々に修正されていきますが、音の脱落や置換がない子どもに比べて学習が遅くなってしまいます。

言葉の音の覚え間違いは年齢が低い子どもによく見られる現象です。それほど多くなければ問題は生じませんが、同年齢の子どもに比べてあまりにも多すぎると読みの困難につながってしまいます。

 音韻意識とさまざまな学習

　音韻意識の弱さは読み学習以外にも影響します。例えば九九では「ごにじゅう」と覚えます。「5×2＝」に「20」と答える子どもがいます。答えを思い出すとき「(ごに) じゅう」ではなく「(ご) にじゅう」と音を切り出してしまったのです。

　また、ひらがなや漢字だけでなく、ローマ字や英語の学習にも困難は生じがちです。ローマ字を教科書では五十音の表をもとに整理していて、「か行」は「k」で「か」は「ka」のように子音を表すkと母音を表すaを組み合わせて音を表しています。しかし、kには「クッ」のような音もあります。つまり「tanuki」はひらがなの「たぬき」よりも細かな音の組み合わせを表していて、単語の中から一部の音を取り出すことがひらがなよりも難しく、音韻意識に弱さがある人にとって難易度が高い学習なのです。

　英語はさらに難易度が高くなります。ballのように発音が子音で終わる単語があります。日本語の単語は「boru」と母音で発音が終わるため、文字を子音と母音に分けなくても「る」の1文字で表すことができます。英語はそうはいきません。日本語は扱う音の大きさ、**粒度**が英語に比べて大きいのです。

　さらに、英語ではballのaは「オー」、capのaは「ア」と同じ文字で異なった発音があったり、nightのghは発音しなかったりします。英語と違ってひらがなはさまざまに発音し分ける字は少なく、発音しない字もありません。音と文字が明確に対応している**透**

明度も高いのです（Wydell & Butterworth, 1999）。こうした粒度と透明度の高さから日本語では読み障害の出現率が英語圏に比べて低いともされます。

―――― **体験してみましょう** ――――

非単語を記憶する体験

①次の非単語を１回だけ読んで文字を見ずに復唱してみましょう。

「なびょこておぶもえとんいほき」

②インターネットの動画や翻訳ソフトであなたに馴染みのない外国語（例えばウズベク語、ヘブライ語）の会話を文字は見ずに音だけで5秒ほど聞いて復唱してみましょう。

解説

非単語を復唱するときは「なびょこ……」のように一つ一つの音を正確に連ねて覚える必要があることが難しさの1つです。知っている単語なら「しょくいんさいようじょうほう」と聞いたとき「職員・採用・情報」と細分化して認識でき、「しょくいん」もよく知っている言葉なので一つ一つの音を正確に覚える必要はありません。

> **音韻意識の体験**
> ①インターネットの動画や翻訳ソフトであなたに馴染みのない外国語（例えばウズベク語、ヘブライ語）の単語を文字は見ずに音だけで聞いて、音の数だけ拍手をしてみましょう。
> ②「たぬき」をローマ字で表したとき4番目の音（文字）は何でしょうか。直感的に即時に判断してみましょう。

解説

馴染みのない外国語の単語を聞いてもどこからどこが1つの音を表しているのか分かりません。よく知っている言葉でもローマ字で音を細分化する（「a」は「あ」を表していますし、「t」も子音を表しています）と難しくなります。

ひらがなやカタカナは「t」と「a」の2つで表す音を「た」と1文字で表しており、日本語を使う私達の音声の認識もそのような単位になっています。これをモーラと言います。「たぬき」は3モーラです。

> **ポイント**
> ●音韻意識の弱さは読みの学習の困難の原因となる。
> ●ひらがなでに比べるとローマ字や英語では文字と音を対応させにくく学習が難しい。

2-3 読み障害がなぜ生じるか②
RANとワーキングメモリの弱さ

読み障害の子どもが示す認知特性：RANの弱さ

　12色クレヨンを使って実験してみましょう。箱に入ったままのクレヨンの色を文字は隠して「あか、きいろ、みどり……」のようにできるだけ速く言いましょう。次にクレヨンに書かれた「あか」「きいろ」などの文字を見えるようにして、「あか、きいろ、みどり……」のように読んでみましょう。どちらが速く楽に読めたでしょうか。文字の方が速く楽に読めたかもしれません。色を見て色の音を言うよりも、文字を読んで音を言う方が速いのです。

　このように刺激に応じて脳内から素早く自動的に音を取り出してくることを**呼称**や**即時呼称**（Rapid Automatized Naming: **RAN**）あるいは**自動化**と言います。「赤」など色の名前を言ったり、絵を見て「カメラ」などと言ったり、数字やひらがなを見て読み方を言ったりする課題があります。一般的には小学校の1年生よりも2年生の方が速く、子どもよりも大人の方が速い傾向にあります。そして人によって呼称の速度には個人差があります。

　読み障害のある人はRANが遅い傾向にあることが知られてきました。RANは単語や文をスムーズに素早く読むこと、つまり**読みの流暢性**と関連することが知られています。ゆっくりとしか読めないなら「たろう」と書かれた文字を見ても「た……ろ……う」のように時間をかけて音にする（読む）ことになり、「たろう」のよう

に1つのまとまりとして理解することが難しくなるのです。

体験してみましょう

ゆっくり読む体験

次の数字は暗号になっています。その下に数字に対応した読み方が書いてあるので、メモはとらずに頭の中だけで文を解読してみましょう。

⑥②⑫⑤⑨③⑪⑧④①⑩⑦
①ん ②ろ ③ょ ④げ ⑤は ⑥た ⑦だ ⑧も ⑨き ⑩き ⑪う ⑫う

解説

数字を見てから数字の表す音が分かるまでに時間がかかるために一つ一つを読むのに精一杯で「たろう」のように単語で読み取ることが難しかったのではないでしょうか。年齢の低い子どもや読み障害のある子どもが1文字ずつ拾い読みをしているときは、今、体験したように1文字ずつの音を呼び出すことに時間がかかり、単語としては認識しにくい状況です。

拾い読みの最中は文字を音にすることで精一杯で内容まで注意を向けられないこともしばしばです。だから「誰が出ていた？」とか「何をしていた？」と聞いても答えられないこともあります。文字を見ても素早く読めないので「ここに書いてあるじゃない」と怒っても、また「た……ろ……う」とゆっくり読むのです。私達も上の数字で書かれた文を見てもどこに「誰が」や「何をしていたか」書かれていたか、分かりにくいですね。

読み障害の子どもが示す認知特性：
ワーキングメモリの言語領域の弱さ

　ワーキングメモリとは何かの目的のために情報を一時的に記憶する働きのことです。「牛乳とパンとお皿を持ってきて」と言われてその通りにできるためには、部屋の中を探して歩くという情報の処理をしながら、これらの言葉を覚えておくという情報の保持をしなければなりません。一般にこのように「情報を処理しながら保持する」働きを**ワーキングメモリ**と呼びます。一方で単純にその場で「牛乳・パン・お皿」と復唱だけを求められた場合は主に情報の保持を行います。このような働きは一般に**短期記憶**と呼ばれます。

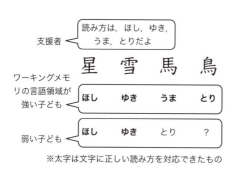

　読み障害のある人ではこうしたワーキングメモリや短期記憶に弱さのあることが以前から知られていました。ワーキングメモリは読み学習にどのように関わるのでしょうか。

　漢字の学習の場面を考えてみましょう。「ほし、ゆき、うま、とり」という言葉を覚えるように言われたとき、ある子どもは全部を復唱することができました。しかし、別の子どもは覚えきれずに「ほし、ゆき、とり」のように1つ脱落して復唱しました。

　すると上図の漢字の読み方を教えられたとき、前者はそれぞれの漢字の読み方（音）を一度に頭に覚えておくことができるので、リハーサルしながら漢字に対応する音を学習しやすいでしょう。後者は漢字に対応する音を当てはめきれず、この図では半分しか正しく当てはまっていません。そうなると学習の効率が悪く読み学習も進

みにくくなるでしょう。

　情報を処理しながら情報を保持することに弱さのある子どももいます。こうした子どもが下の文章を読むとどうなるでしょうか。

> 色にはさまざまな効果(こうか)がある。赤い色はあたたかく感じられるし、青い色はすずしく感じられる。
> これ以外の効果には次のようなものがある。

　教科書では新出の漢字熟語には「こうか」のようにふりがながあります。そこで読み方が分かっても、文章を読むという情報の処理を行っている間に忘れてしまいます。次に同じ漢字熟語があるときはふりがながないために「さっき出てきた漢字だけどどんな読み方だっけ」となってしまいます。

　読み障害の中核的な障害は音韻意識と考えられていて、ワーキングメモリが読みの困難を予測する程度はそれに比べると弱いと言えます。しかし、ワーキングメモリは読解との関連が深いこと、ワーキングメモリのモデルに基づくと読みだけでなく書きの困難を理解しやすいこと、日常生活など広範な困難と関連付けて理解しやすいことなど多くのメリットがあるため支援上、重要な概念です。

> **ポイント**
> - 読み障害のある子どもでは情報の名前を素早く思い出して言う RAN の弱さが見られることがある。
> - 読み障害のある子どもでは一時的に情報を覚えておくワーキングメモリに弱さが見られることがある。

第2章　読み障害の原因と支援のしかた

2-4 読み障害のある子どもへの支援策

読みの学習

❯ 学習の難しさ

　読みの学習に困難がある子どもは1文字ずつ読み方を覚えることが難しいことがあります。1文字ずつ書かれた文字カードを何度練習しても、その場では言えますがすぐ忘れてしまい、たくさんの文字カードの中から読み方を選ぶことができません。市販のプリントで何度もなぞり  ながら読みを教えたが覚えられない、と言う保護者もいます。音韻意識やワーキングメモリに弱さのある子どもにとって、初めて字を学ぶときに1文字ずつ学習する方法は難しいやり方である場合があります。

　音韻意識に弱さのある子どもは音の数に合わせて手をたたく遊びをすると「あんこ」を「パン、パン」と2回にしてしまうことがあります。音を1つずつ取り出すことが難しいのです。こうした子どもにとっては、意味から切り離した「あ」という音だけを取り出して学習することは逆に難しいのです。

　さらに学習するのは「あ」だけではありません。「て」「ど」などたくさんあります。するとワーキングメモリに弱さのある子どもで

は「あ」「て」「ぬ」という文字に対してa、te、nuと音を覚えることに難しさが生じます。

　漢字の読み学習では、意味が難しい漢字熟語の読み方を習うことがあります。「着色」という読み方を習っても「ちゃくしょく」が何かを知らなければ読みの定着率は低くなります。このことは配当学年の漢字でも生じることがあります。「天」も「下」も1年生の漢字ですが「天下」という言葉の概念は1年生には難しいかもしれません。

⊙ どのように支援するか

　読み学習に困難のある子どもの認知特性に応じて、次のような学習支援を紹介します。

　①音韻に着目した学習
　②語彙に着目した学習
　③単語読みの学習
　④文字読みの学習

　ここまではかなや漢字、英単語の学習でも共通していますが、漢字やローマ字ではさらに固有の配慮が必要です。

　⑤漢字の読み学習
　⑥ローマ字の読み学習

　上記について、それぞれ解説していきます。

支援策1 音韻の学習

　音韻に関する学習は音を**視覚化**して認識したり、手で**動作化**したりします。下図のようにドットで音を示した学習をしたり、「ねっこ」なら「ね」は「パン」と手をたたき、「っ」で手を握り、「こ」で手をたたくような学習をゲームのように取り組んだりできます。

●音韻に関する学習

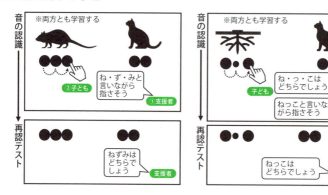

　古くから行われてきた**言葉遊び**や幼児での言葉遊びには音韻を認識するものがたくさんあります。**しりとり**や**「か」のつく言葉**を思い出す遊び、「とり」を「りと」のように言う**逆さ言葉、「か」を言わずに歌を歌う**（例：めだ□のがっこうは□わのな□）などです。

　音韻に着目した学習は読みの学習の下支えになりますが、音韻処理の困難が大きな子どもではこれらの学習が非常に難しい場合があり、逆に音韻処理の強い子どもではわかりきったことをなぜ学習するのか不思議に思うこともあるため、子どもの様子を見ながら学習の必要性の判断を適切に行います。

> 支援策 2

語彙の学習

「りんご」のような言葉は日常的に「りんご」という音によく触れますし、見たり食べたりする機会も多く意味も分かりやすいものです。語彙の学習の最初の段階では具体的で絵を一見すれば分かる言葉が少なくありませんが、すぐに教えるのが難しくなっていきます。語彙の学習は言葉の音韻の側面と意味の側面に注目します。

　子どもにとって「りんご」のように言葉の音（音韻）にも意味にも親しんでいる言葉があります。しかし、「お買い得」のように生活の中で言葉の音は聞いたことがあるが意味は分からないもの、「コーヒーのお湯を沸かすためのやかん」を見たことはあるが「コーヒーポット」であることを知らないもののように、音韻か意味のどちらかを知らない場合があります。そして言葉の音韻も意味も知らないものもあります。語彙学習では音韻か意味のどちらかを知っているもの、または知っていると思われるもの、が学習しやすいでしょう。

●意味の既知 / 未知と音韻の既知 / 未知と学習のしやすさの関係

| | | 意味 ||
		既知	未知
音韻	既知	学習しない。または音韻や意味の理解を深める学習をする。	学習する
	未知	学習する	後で時間をかけて学習する

◯ 語彙学習の最初の段階

　次ページの左図に語彙学習の最初の段階の支援例を示します。年

齢の低い子どもや年齢が高くても語彙学習に著しく困難のある子どもで用いるやり方です。こうした子どもでは新しい言葉を聞いて覚えるワーキングメモリの働きに弱さがある場合があるので次のようなステップで行います。

STEP①：意味を示して子どもは絵を選ぶという再認によって学習します。正解した際に支援者が言葉をフィードバックすることで子どもが徐々に言葉の音に親しんでいきます。
STEP②：支援者が言葉の音を示して子どもは絵（意味）を選びます。
STEP③：支援者が絵（意味）を指して子どもは言葉を再生します。

このようにいきなり言葉を復唱させるのではなく、何度も言葉の音を聞いて親しんだり、意味と結びつけて学習したりして、子どもが言葉の音を覚えやすくなるようにしてから、最後に子どもが言葉

●語彙学習の最初の段階

の音を思い出すという段階を踏みます。

文の中で言葉を学習

こうして絵を中心にして言葉の意味や音に親しんだところで、次のステップのように文の中で言葉の学習に入ります（前ページ右図参照）。年齢が高い子どもやワーキングメモリに弱さの少ない子どもはこのステップから学習を開始しても構いません。

STEP①：言葉の意味と音を確認します。
STEP②：文の中で言葉の音を思い出します。
STEP③：言われた意味に対して言葉を選びます。
STEP④：言葉の意味を再生します。

読み学習も同様ですが、語彙学習では「思い出す」学習が重要で

●文の中で言葉を学習

す。いずれのステップにも最後は子どもが言葉の音や意味を思い出す学習が含まれています。しかし、いきなり思い出すことは難しいために、スモールステップで言葉の音や意味に徐々に親しみながら思い出す学習へ向かうことが特徴です。

> **コラム**
>
> **テスト効果を生む反復検索**
>
> 母国語の意味の学習や外国語の学習において、単に言葉を聞いたり（例：「友達はフレンド」）、ただ文を読んでいるだけでは十分に覚えることができないときには、覚えたことを「思い出す」（例：「友達はフレンド。友達は？」と質問され「フレンド」と応える）ことによって記憶への定着の程度が格段に強まります。このような現象はテスト効果と呼ばれており、そのために何度も思い出すことを反復検索と言います（堀田 , 2015; Brown et al; 2014）。定着度を測るためのテストではなく、定着を強めるための学習の一環としてのテストをすることが大切です。

> **支援策 3** 単語読み・文字読みの学習

絵と文字をセットで学習

　大人にとっては「とり」という字を見ると /tori/ という音、つまり読み方が分かります。しかし、字を読むことが困難でまだ字を読めない子どもにとっては線画の一種のように見えるはずです。そこで下図のように鳥の絵と「とり」という線画を視覚的にセットにして覚えます（中山ら , 1997）。

●絵と文字をセットで学習

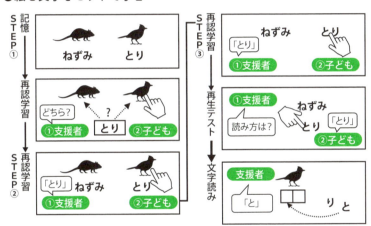

※子どもに応じてステップを省略したり、ステップを分けて実施したりする

STEP ①：鳥の絵と「とり」という字の形を合わせる学習から始めます。その際に絵と線画の位置（図では「ねずみ」が左側にある）は変えずに学習することで位置の情報も支えにすることができます。

STEP ②：「とり」と支援者が言って子どもは正しい絵を指さす学習をします。これによって子どもは絵と文字のセットと、音を結びつけます。

STEP ③：このステップでは絵はなくなり、大人が「とり」と言ったら子どもは「とり」の文字を指さします。今までと同じ位置に文字を提示すると位置の情報が支えになって学習しやすくなりますし、縦並べにすればもっと文字と読みを結びつける学習の程度が強まります。子どもの様子を見ながら使い分けるとよいでしょう。

　ここまででは子どもは「とり」という2文字の線画と「とり」という単語を結びつけていることがあり、文字「と」が音「と」であることを十分に学習できていない可能性があります（全体読みと言います）。

　そのため最後に1文字ずつに分解して単語を組み合わせるような学習が必要です。

> 支援策 4 中～高学年以降の漢字熟語の読み学習

文字と音を結びつける学習

　漢字熟語の読み学習は基本的に「支援策③単語読み・文字読みの学習」のやり方で学習できます。特に「天気」のような漢字熟語は、子どもも「てんき」という言葉に日常的に親しんでおり、絵にも表しやすいものです。

　学年が上がると次第に漢字熟語が表す言葉の抽象度が上がってきます。例えば「完結」という漢字熟語の意味を絵で表そうとすると、意外に難しいものです。このようなとき前段では絵で表していた意味を、言葉で表すことで子どもの学習の支えにするやり方に置き換えることができます。

●文字と音を結びつける学習

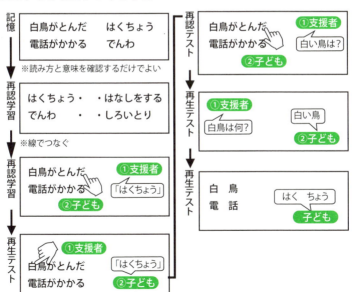

STEP ①：最初に「白鳥がとんだ」という文脈的な定義を提示し、読み方を記憶します。
STEP ②：「はくちょう」に対して「しろいとり」という辞書的定義を言葉に結びつける学習を行います。この意味が言葉の音を支えることになります。
STEP ③：大人が言葉を言って子どもは漢字熟語を指さします。
STEP ④：文を見て読み方を思い出します。
STEP ⑤：今度は大人が意味を言って子どもは漢字熟語を指さします。そして今度は大人が言葉を言ったら子どもは意味を答えます

　上記のように子どもが言葉や意味を思い出す前に先に大人が言葉や意味を言って子どもは選択肢から答えを選ぶステップを入れておくと学習がスムーズに進みます。
　このようにして漢字熟語の形、言葉の音、言葉の意味に十分に習熟したところで最後にテストを行います。こうしたやり方は簡易なものを河村（2019）や河村（2022）に紹介しています。

> 支援策
> 5　ローマ字の読み学習

　ローマ字の学習は一般的に表で覚えます。「あいうえお」までは「a, i, u, e, o」と学習しますが、それ以降は「か行はk」「『か』は『あ』の列（あ段）なのでka」のようにして覚えるやり方です。

　「k」の読み方には言及されないことが多いでしょう。しかし、ある中学生が「先生、どうして『か』ってkaでaが付くの」と言うので「『か』を伸ばしてみて」と言うと「かーあー。『あ』だ」と言ったことがあります。「か」が「あ」の仲間であることが分からない、つまり音を細かい単位で分析することができないまま、丸覚えでkaと覚えていたのです。

　ローマ字も文字は音を表しています。maであればmの部分は唇を閉じて出す「ム」のような音が当てはまります。そこにaの「ア」と続けて発音するので「マ」の発音になります。文字に発音が対応

●ローマ字の読みの学習

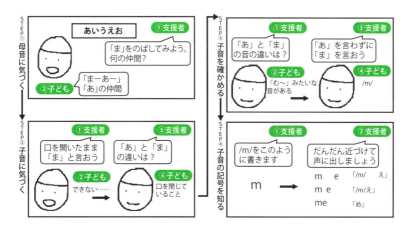

しているのです。英語圏の子どもたちも1文字ずつの音を明示的に学ぶ方が学習しやすいとされます。同様にローマ字も明確に音を学習するとよいでしょう。このように学習するとローマ字を学習した段階で英語の子音や母音の読み方の一部を小学校の間から学習することができます。

　具体的には次のようなステップで学習を進めるとよいでしょう（前ページ図参照）。

STEP ①：最初は母音に気づきます。「ま」や「め」は「あいうえお」のどの段なのか確かめていきます。
STEP ②：子音の存在に気づきます。音だけでは気づきにくいので視覚的に分かりやすい唇の動きを参考にします。「ま」は唇が閉じたままでは発音ができないことを確かめ、「あ」と「ま」を比較すると「あ」は口が開いていて「ま」は口がいったん閉じることに気づきます。
STEP ③：「あ」と「ま」を発音して、「短い『む』がある」や「冷蔵庫みたいな音がある」のように言語化して音の違いに気づきます。ただし、あまりはっきりと「『む』がある」と言語化すると母音のuを含んでいますので「『う』は言わない短い『む』だね」のように支援をします。そして「『あ』まで言わないようにして『ま』（や『も』など）を言おう」のように指示して子音/m/だけを発音する練習をします。
STEP ④：その子音にmを当てることを学習し、子音と母音の距離を近づけていきながら2つの文字で「ま」や「め」などの発音になることを確かめます。

このような学習を行いやすいのは、マ行、パ行など唇の動きが明確なものですがラ行やカ行なども同様に工夫して学習できます。

> **ポイント**
> ●文字の学習の根底には音に気づく学習がある。
> ●初期には文字の形や絵を支えにして学習する。
> ●知っている言葉や意味を支えにして1文字ずつの読みを学習する。

> コラム

RTI とは

学級の中には読み障害の診断がなくても読むことが遅い子どもがいます。診断がなければ支援を開始できないわけではなく、集団を対象とした支援の中に音に着目した支援を含めていきます。

よく知られている**多層指導モデル MIM**（以下 MIM; 海津・杉本, 2016）では「せっけん」の文字の横に●●●●と表記して音の大きさを視覚化したり、「っ」や「しゃ」などに合わせ手を握ったりする**多感覚学習**が含まれています。MIM はいくつかの支援や支援の概念がパッケージにされた **RTI（Response to Intervention）** と呼ばれる支援の1つです。RTI とは集団を対象とした支援を行い、その効果が十分でないときに小集団で補足的な支援を行い、効果が十分でなければさらに個別の支援の3つのステージで支援を行います。

また、学習支援への効果を追跡するためにプログレス・モニタリング（Progress Monitering: 以下 PM）というアセスメントも行われます。一般的なアセスメントでは学習の前にテストを実施し、一定期間支援した後に再度テストを行います。PM では読みや計算について内容は違うが同じ形のテストを継続して実施し、子どもの変化をモニターしていきます。MIM では正確に字を読むこと（正確性）とともに、スムーズに単語を読むこと（流暢性）を支援の対象としています。

第 3 章

書き障害の原因と支援のしかた

3-0 書き障害のイントロダクション

書き障害とは

字を書く学習に著しい困難さを示す状態です。読みの困難が書きの困難につながっている子どもと読みに困難はないが書きに困難がある子どもがいます。

さまざまな書きの困難の例

書きの困難は字を正しく書けない、字を速く書けない、単語の中の文字の順序を間違えるなど、子どもによって現れ方が異なります。

すみれさん
- 診断前 / 就学前：読めるが書かない。絵が稚拙。
- 診断時期 / 就学前後：筆順が独特、字を書くのが遅い、漢字を書けない。

たけしさん
- 診断前 / 就学後：読み学習に困難で書きも困難。
- 診断時期 / 小学校中学年：読み学習は進んだが、書き学習の負担が大きい。

かおるさん
- 診断前 / 小学校：乱雑な字をゆっくり書く。
- 診断時期 / 中学生以降ときに成人：パソコンの方が楽だった。

書き障害の原因

- **視空間情報の処理に弱さ**
  図形の形や位置をうまく覚えられない
- **協調運動の弱さ**
  微細な動作に難しさ

※読み障害があると書きの困難が生じやすい

思ったように書けない 字を思い出せない

個別支援

- **言語領域・視空間領域を生かした支援**
  繰り返しの書き学習で効果がない子どもでは漢字を言語的に分解（例：春→三人の日）したり、象形文字のような覚え方で絵で考えたりします。

- **長期記憶**
  漢字は画数が多く書くには難しい字です。書きテストをしたときに部分的に書けている漢字から取り組むと定着しやすいです。子どもの知識を活用しましょう。

- **「検索」を用いた学習**
  漢字の書き方について覚え方を読むだけでは定着しないことがあります。クイズのような形で子ども自身が「思い出す（検索）」する学習が大切です。その際に学習の負担が重くなりすぎないようにヒントを工夫します。

支援上のキーポイント

書きの困難はさまざまな学習につながりがちなので、予測して支援します。

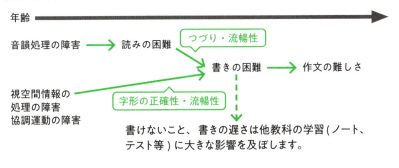

3-1 書きに困難がある子ども

書きに困難のある子どものケース

　読みに困難がある子どもは字を書くことにも困難が生じがちで、「読み障害」を「読み書き障害」と表すこともあります。一方、読むことに問題はなくても字を書くことが難しい子どももいます。

事例① 読みの困難と書きに困難がある のぼるくん

　読み障害の診断を受けたのぼるくんは読みの学習支援を受けて次第に字が読めるようになっていきました。しかし、字を読むのが苦手なので字を書くことも苦手でした。字の見本があれば見ながら書き写すことができますが、見本なしで「たまご」と書こうとすると「え〜と、た、た……」と言うものの、なかなか1文字を思い出すことができません。

　また、「こいのぼり」と書こうとして「こいぼり」、「〜です」と書こうとして「〜れす」と書いてしまったりしていました。

不器用さがあり、書くことが困難
ひまわりさん

事例②

ひまわりさんは話をすることが大好きです。まだ他の子どもが字を読めないような年齢が低い頃から字に関心を持ち、幼稚園の年長の頃は初めて読む絵本でも流暢に読むことができました。語彙も豊富で大人が使うような難しい言葉をテレビや図鑑から自分で学んでいました。絵を描くことは不得手で少し手先に不器用さもあって、筆記用具を使うことはあまり好んでいません。

小学校入学が近づいてきたので字を書く練習をしましたが、独特な筆順で字を書きます。ひらがなの「よ」も下から書き上げていきます。

小学校に入ってからゆっくりとひらがなを書く練習を続けていましたが、漢字となると難しく、高学年の漢字も読むことができるのに低学年の漢字を書くことはできないのでした。

読みに困難はなく、書きに困難がある
たけしくん

事例③

穏やかで達観したような雰囲気のたけしくんは字を読むことに困難はありませんでしたが、小学校高学年になっても漢字を書くことの困難さが続いています。不器用さはないのですが字の形を思い出すことが難しいのです。漢字テストでは読みテストが10点満点でしたが、書きテストは1点か2点でした。まったく書けない漢字も多く、一部分書けているものや、雰囲気は似ている字を書いていました。

繰り返し書き学習を求められると取り掛かるのにとても時間がかかり、取りかかってからも時間がかかるだけでなく、学習の効果もほとんど見られませんでした。

書きに困難のある子どもや大人

　読み障害のある子どもは、見本を写すことはできても見本のない状況では言われた言葉を書くことが難しいことがあります。また、読み障害の原因となる音韻処理の障害があると、「よごれる」を「よぼえる」と誤って捉えた音の通りに書いていることがあります。

　こうした読みの困難に関連する書きの困難がある一方、読めるけど書けない、読めるけど書くことが遅い子どももいます。独特な筆順が目立つこともあります。非常に努力すれば字を書けるが字を書くことを嫌がる子どももいたり、ふざけて書かないふりをしたりして、書きの困難として認識されないことがあります。

　著名人では映画ハリーポッターのダニエル・ラドクリフは発達性協調運動症があり、字をきれいにかけないと述べています。

書き障害の定義

　ここで述べる「書き」とは、「字を正確または流暢に書く」ことを意味します。作文はプランや修正といった高次な情報の処理が含まれることから「書き」の困難とは区別されます（第5章参照）。

　教育分野では、文部科学省によるLD（学習障害）の定義（P.28）に書くことの困難が含まれていて、「知能検査で測定されるような知的発達に遅れはないにも関わらず、書くことに困難が生じる」と示されています。

英語圏では文字の書きの困難として、スペリングや正確に字を書くこと、流暢に字を書くことの困難が指摘されています。日本語でも「とうもろこし」を「とうろもこし」と書くような音の脱落、入れ替わりや、字を正しく書けないこと、速く書けないことが見られます。特に漢字の書きの困難として筆順の独特さ、画が抜けたり加わったりすることなどが挙げられます。

医学分野では、DSM-5-TRで**限局性学習症**（Specific Learning Disorders：SLD）の定義の中に次のように含まれています。

> 学習や学業的技能の使用に困難があり、その困難を対象とした**介入**が提供されているにもかかわらず、（中略）少なくとも6カ月間持続していることで明らかになる。
> 綴字の困難さ（例：母音や子音を付け加えたり、入れ忘れたり、置き換えたりするかもしれない）

書きの困難は、さまざまな原因で生じます。書きの困難に出会ったときは、他にどのような困難があるのか、背景にどのような認知的な弱さがあるのかをよく見極める必要があります。そのような違いによって支援の重み付けが異なってくるためです。

書き障害の出現率

日本の**教員を対象とした調査**では「読むまたは書く」ことに困難のある子どもが2.9%いました。英語圏では研究によって数値に違いがあるものの、字を書くことの困難は1〜3%、スペリングの困難は4%程度とする研究があります。（Berninger & Hart, 1992）

文化によって使用する文字体系が異なることや、子どもに直接検査を行うのか、教師が子どもの困難の有無を評価するかによって、出現率は異なります。また、書きの困難が「書きの困難の結果」なのか「書きの困難単独で生じているのか」によっても割合は異なります。ひらがなで1.6%、カタカナで3.8%、漢字で6.0%に書字の困難があると報告されています（Uno ら, 2009）。

> **ポイント**
> - 読みの困難があると書きの困難も生じる。
> - 書きの困難はさまざまな原因によって生じる。
> - 書きの正確性だけでなく流暢性の困難にも注目する。

> **コラム**
>
> **WAVES**
> WAVES（Wide-range Assessment of Vision-related Essential Skill）とは竹田ら（2014）によって開発された、視覚認知機能を評価し支援するためのアセスメントツールです。簡単に実施でき、結果に応じた教材があり、支援につなげることができます。
> WISC-V などの検査と組み合わせて、書きの困難がある子どもに実施することで、子どもの特性をよりよく理解して特性に応じた支援を検討することができます。

3-2 書き障害がなぜ生じるか① 音韻意識の弱さ

書き障害の子どもが示す認知特性：音韻意識などの音韻処理

読み障害のある子どもでは書き障害が併存することがよく見られます。これは2つの点からの理解が必要です。

第1に読めない字は書けない点です。読めない字でもなぞりや視写はできますが、「山」を「やま」と読めない子どもは「やま」という言葉を聞いて見本を見ずに「山」と書くことは難しいでしょう。

第2に音韻意識の弱さから、音の取り出しや順番を誤ってしまう点です。「たぬき」と書こうとして真ん中の「ぬ」の音を抜き出すことができず、その字を書くことができないのです。私達も外国語を聞いてひらがなで書き取ると、どんな文字で表してよいか分からなくなるときがあります。

また、「やわらかい」を「やらわかい」と思っている子どもは書くときも「やらわかい」と音の順番の誤りが生じてしまいます。「こいのぼり」を「こいぼり」と音が脱落して認識している場合もあります。

このように読めない字は書けないし、字を読めても書くときに音の取り出しや順番に誤りが生じることがあるのです。

音韻処理とさまざまな書き学習

　音韻意識をはじめとする音韻処理の障害によってひらがな、漢字やカタカナ、ローマ字、英語の学習で書くことの困難が生じます。

音韻処理の障害によるひらがなの困難

　ひらがなで困難が残りやすいのは「きゃ」のような拗音、「っ」のような促音、助詞の「〜は」「〜を」などです。

　拗音は音そのものが /kya/ という母音で終わるひとかたまりに感じられるのに「き」と「ゃ」のように2文字で表される難しさがあります。促音は「っ」が小さく発音されて捉えにくく、これを認識していない子どもは音が存在しないのに書かなければならない気持ちがするでしょう。助詞の「〜は」は /wa/ の音に対して「は」と「わ」の2種類の文字の選択肢がある音などです。

　いずれも音と文字とが1対1に対応しておらず、これらの学習の難しさが音の認識に関わっていることが分かります。カタカナもひらがなと同様ですが、特にカタカナの場合は使用頻度が少ないために文字そのものを思い出せない様子が見受けられます。

音韻処理の障害による漢字の困難

　漢字では「先生」と書こうとして「生先」と書くように、漢字そのものは書けていても、漢字の1字に対する正しい音の割り当てが正確にできていないことを示唆するエラーが見られることがあります。また、「しんゆう」に対して「新友」と書くエラーがあるように、漢字では /sin/ という音に対して複数の文字の候補があります。ひらがなでも同様の現象があったように1つの音に2つ以上の字の候補があると間違いやすいのです。

音韻処理の障害によるローマ字と英語の困難

　ローマ字や英語でも音に対する文字の候補が問題となります。ローマ字では、ア行は「あ」の1音に「a」の1文字を当てはめるので難しくはありませんが、それ以降の行では「か」という音のひとかたまりに「ka」の2文字が対応します。音韻処理に弱さのある子どもは、「か」を伸ばして発音すると「かーあー」となって「あ」を伴うことを中学生になっても知らないことがありました。音をうまく分解できていないのです。これでは「か」を「ka」と書く理由は分からないでしょう。また、schoolと書こうとしてskoolとするのは「ク」の音にkやchが対応するためです。P.95に説明するフォニックスと関係する現象です。

つづりの困難にも要注意

　欧米の研究でも読みの困難が軽減しても、つづりの困難は残りやすいことが知られています（Bruck, 1987）。書くことの困難は目立ちやすく子どもが自己評価を下げる原因ともなりがちです。

　字を思い出すのに時間がかかる子どもでつづりの間違いが見られたり、漢字の少ない作文を手で隠そうとしたりする態度が見られたら、特に慎重に対応します。1字ずつなら書けてもたくさん書くことが負担になりできない子どもは「書こうと思えば書けるのに書かないのはやる気がないから」と誤解されがちです。

　字を思い出せないのは自分が不真面目だからと見せたい子どもは、学習を「面倒くさいから」と拒否したり怠けているような態度を取ったりします。他の子どもが字をラクラクと思い出せるのを見ながら、自分は思い出したいけれど思い出せないのはとてもつらいことです。

体験してみましょう

つづりの間違い

次の漢字の読み方やカタカナをできるだけ速くひらがなで書いてみましょう。

体育、シュミレーション、雰囲気、洗濯機、コミニュケーション

解説

体育を「たいく」、雰囲気を「ふいんき」、洗濯機を「せんたっき」と発音したり書いたりすることがときおり見られます。また、「シミュレーション」「コミュニケーション」が正しい表記ですが間違って「シュミレーション」「コミニュケーション」と覚えていると、そのままにつづることになります。

読み障害の子どもでは音韻処理の障害による言葉の覚え間違いがよく見られます。間違えて覚えたそのままに書くとつづりの誤りとなります。こうした誤りは昔からあって定着したものもあります。「新しい」は、本来は「あらたしい」でしたが、いつしか「あたらしい」と変化しました。「新た」や人名の「新」のときに「あらた」が残っています。

音の誤りがある子どもがいても驚いたり「間違っている」と直接的に指摘したりするのは避けましょう。よくあることと受け止めて淡々と正しいつづりを学習すればよいのです。

> **カタカナを思い出しにくい**
>
> 　現代では「い」と「え」と同じ発音となので使われなくなった旧仮名がありますね。まずひらがなを思い出して書いてみましょう。ひらがなで書ける人はカタカナで書いてみましょう。

解 説

「ゐ」と「ゑ」や「ヰ」や「ヱ」は見たことはあっても普段使わないため思い出して書くのに時間がかかったり、書けなかったりします。これが読み書きに困難がある子どもがカタカナを思い出すことの難しさと似ています。

> **ポイント**
>
> ● 読みに困難があると字を書くことも困難になる。
> ● 音韻意識の弱さは書きの学習のつづりの困難の原因となる。
> ● 字を思い出すことに時間がかかり文を書くことが難しいことがある。

3-3 書き障害がなぜ生じるか②
視空間情報の処理などの弱さ

 書き障害の子どもが示す認知特性：視空間情報の処理

　生育歴において現在も読み障害がないのに書きに困難が生じる子どもがいます。音韻意識の弱さも見られません。

　なぜ字を読めるのに字が書けないのでしょうか。書きのみに困難を示す子どもでは視空間情報の処理の弱さが見られることが報告されています（宇野ら，1996）。例えば下図のようにドットの点滅した位置を覚えるとき、ワーキングメモリの視空間領域の働きが必要となります。3個ドットが点滅したらその順番に指さして答えます。問題のレベルが上がると次第に個数は増えていきます。書き障害がある子どもは、このような課題において同じ年齢の子どもに比べてたくさんは位置を覚えられないことがあります。こうした課題は漢字の書き学習で画の位置を覚えていくことと似ています。

●視空間領域の課題の例

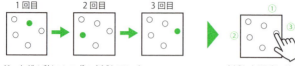

上記のような課題は漢字の書き学習で画の位置を覚えることに似ている

音韻処理には強さがあって読みの学習に困難はなくても、他の処理に弱さがあり書きだけに困難が生じることがあります。これは「薔薇（ばら）」という漢字の画数が多いために書けなくても読めることに似ています。読むことは字を見て音を思い出すことであり、書くことは音を聞いて字を思い出すことなので、それぞれに必要な認知特性に違いがあるのです。

 ## 視空間情報の処理の弱さとさまざまな書き障害

　視空間情報の処理に弱さがあると、書きのさまざまな面に困難が生じます。こうした子どもは「おしい」を「ほしい」と書くような音の誤りではなく、むしろ視空間的な情報の誤り、例えば、

①字の形がとれない
②画が抜けるまたは加わる
③鏡文字になる
④部首が入れ替わる
⑤独特な筆順を示す

などがあります。また、協調運動に弱さがある子どもは、

⑥枠の中に字が入らない
⑦速く字を書けない
⑧読みにくい字を書く

などもあります。もっともこれらの症状は字を書く経験が制約されると生じがちで、読み障害がある子どもの書きの困難でも起こりうるため、症状のみから原因を確実に逆算できるわけではありません。なお、発達性協調運動症のある子どもは目、手、足など複数の機能を同時に協調させて動かす協調運動に障害がありますが、手先の不器用さとともにワーキングメモリの視空間領域の弱さがあることもあります（Alloway, 2007）。

漢字の書きのエラーは一貫していなかったり、あるときは思い出せるがあるときは思い出せなかったり、学習した直後はできたのにしばらくすると忘れたり、ゆっくりとなら書けるが字数が増えると疲れてしまったりします。短時間あるいは字数が少ないときはできても長時間や字数が増えると書くことが困難になる場合は「できるのにやらないのはやる気がない子ども」と判断されがちです。

―― 体験してみましょう ――

視空間情報の処理の弱さ：形、方向
鏡に映したら正しく読める鏡文字で、素早く紙に名前を書いてみましょう。ひらがなやカタカナ、漢字で試してみましょう。

解説
鏡に映るように書こうと思うとカナや漢字の方向が分かりにくくなります。筆順も分からなくなり、線を引く方向も逆になったりします。これらはどれも字を書くことに困難がある子どもが示す特徴でもあります。

字を書こうとするときは字を頭に思い浮かべるといった視空間情

報の処理を行う必要があります。それがうまくできない子どもでは画が足りなかったり余分だったり、線を引く方向が一般的なものと異なったりします。間違い方も一貫性がないこともあります。

　鏡に映すと正しく読める字を書く体験はこうした視空間情報の処理に余分な負担がかかるので、字を書くことが困難な子どもの気持ちを疑似体験することができます。

視空間情報の処理の弱さ：位置の記憶

　インターネットで「いぐるみ　漢字」と検索すると「いぐるみ」には画数の多い漢字熟語と、画数の少ない単漢字があることが分かります。その漢字を5秒程度見てから隠し、思い出して書いてみましょう。

解説

画数の少ない漢字の書き方は覚えやすく、多い漢字は覚えにくかったと思います。画数が多いと一度にたくさんの画の位置情報を覚えなければならず困難度が増すのです。

協調運動や位置の記憶の弱さ

体験1：鉛筆の芯と反対側の端を親指と人さし指でつまんで紙に字を書いてみましょう。
体験2：紙に小さな四角を描いておきます。利き手と反対の手で四角の頂点を1秒に1つずつ程度、順番にぐるぐると指さし続けながら、利き手では別の紙に漢字を書いてみましょう。

解 説

体験1：鉛筆を端でつまんで字を書こうとすると細かい動きができないために筆圧も不安定で字は大きくなります。協調運動に弱さがある子どもで思うように字を書けない（「オレなんで書けないんだろう」と言う子どももいます）ことを疑似体験できます。

体験2：左手で四角の頂点を順番に指さし続け右手で漢字を書こうとすると、左手で正しく位置を押さえるために右手の漢字の画の位置の情報と干渉して字を書くことが難しくなります。運動や位置の情報を協調させて書くことの難しさを疑似体験できます。

ポイント

- 視空間情報の処理に弱さがあると書きに困難が生じることがある。
- 書きの困難には形を覚えられないこと、画や部首の位置を覚えられないこと、協調運動が難しいことなどが影響する。
- 書きの困難がある子どもはゆっくりとあるいは少ない字数なら書けるが速くたくさん書くことが難しい場合がある。

3-4 書き障害のある子どもへの支援策

 書きの学習

学習の難しさ

　一般的な書きの学習にはいくつかの要素と方法があります。まず年齢が低いときに取り組むことが多い市販の書きのプリントには、直線、曲線、交わる線、円などさまざまな線や図形を線からはみ出ないように描くもの、見本の図形を見て写すものがあります。

　年齢が上がると筆順通りに字をなぞり書きし、見本の字を見て書く課題や、繰り返し書き学習（反復書記）で定着を目指します。

　書字に弱さのある子どもは線からはみ出さないように線を引けなかったり、交わる線を一般的なものとは異なる方向や順番で描いたり、見本と同じ図形を描けなかったりします。また、繰り返し書き学習を行っても一向に漢字が定着しないことがあります。

どのように支援するか

　書き学習に困難のある子どもの認知特性に応じて、次のような学習支援が考えられます。

①基礎的な書字技能に関する学習
②方略を用いた学習
③長期記憶を活用する学習
④日本語のつづりの学習
⑤作文場面における字の使用
⑥英語のつづりの学習

支援策 1 基礎的な書字技能に関する学習

　基礎的な書字技能の学習には、主に線からはみ出ないように線を引く「なぞり」、図形を見ながら写す「視写」、図形や字を見本は見ずに思い出して書く「想起」の3つがあります。

●**書字技能の学習の例**

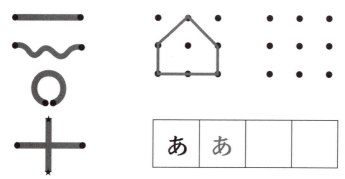

さまざまな形のなぞり課題　　形や字のなぞり、視写課題

　なぞりの学習は目と手を協調させながら書く力を育て、視写の学習は形を捉える力を育てます。字の書きにおいて特に重要なのは想起の学習で見本は見ずに思い出して書くものです。
　子どもに応じて使い分けるのが基本ですが、協調運動に弱さがあってうまく筆記用具を使えない場合はなぞりの学習、視空間情報の処理に弱さがあって形を捉えにくい場合には視写の学習を行います。また、字を学習する際はどのような学習でも想起の学習を含めた方がよいでしょう。

◉「繰り返し書き学習」のポイント

「繰り返し書き学習」は、初めて見る字形を覚えるために効果があると考えられる方法です。日本では英単語の読み学習をするときも繰り返し書き学習が使われることがありますが、必ずしも読み方を覚えるために最適の方法ではないと思われます（中田, 2019）。

繰り返し書き学習は何回書くのが最適なのかにも留意します。漢字を書けない子どもは書けない字が溜まってしまい、まるで罰のように何十回も書かされることになります。しかし、回数に応じて定着度が無限に向上するものではなく、それ以上は書いても効果が上がらなくなる回数があるようです（見崎・仲, 2004,）。

その子どもが繰り返し書くのにかかる時間を実測し、繰り返し書き学習に使える時間を特定し、そこから何字を何回書くかを決定するのが望ましいでしょう。

◉「想起の学習」を重要視しよう

想起の学習は、学習の後のテストとして行われることがあります。つまり、なぞりや視写で学習してから随分時間が経った後に想起が行われることになります。書きに困難がある子どもが視写をした直後に字を隠して、今書いた字を書くように言うと書けないことがありますが、この時点で書けないのにさらに時間が経ってから書くことは難しいでしょう。また、繰り返し書き学習でもほとんどの場合で想起は行われず視写の連続となっています。

書き学習では想起が非常に重要です。想起の学習はテストのためではなく、その字を定着させるための学習のステップとして必要なのです。

支援策 2　方略を用いた学習

　繰り返し書き学習をしても一向に漢字の書きを覚えられない子どもには、別のやり方で漢字を覚えてもらいましょう。別のやり方というのは漢字の覚え方（方略）を考えて、その覚え方を手がかりにして漢字を書くというものです。
　下図は、「君」という漢字の覚え方を子どもと考えた例です。

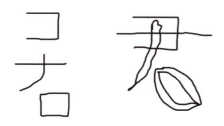

言語情報に分解した例　　視空間情報に分解した例

　ワーキングメモリの言語領域に強さがあり視空間領域に弱さがある子どもでは漢字を言葉によって分解することを好む場合があります。ここでは「君」を「コナロ」に分解しています。
　反対に言語領域に弱さがあり視空間領域に強さのある子どもは言葉でも分解しますが、まるで漢字を絵のように捉えて分解することを好む場合があります。ここでは同じ漢字を「フォーク、パスタ、くち」に分解しています。

　このように子どもによって分解のやり方は異なり、言葉や絵の分解が混在することも少なくありません。さらに言葉による分解の中でも子どもの興味関心によってさまざまなバリエーションを生むた

め、子どもによって一人ひとり分解のしかたが大なり小なり異なります。1つのやり方を押し付けるのは難しいときがあります。

　下図ではこのような分解のやり方をどのように学習に活かすかを示しています。

●漢字の分解による学習の例

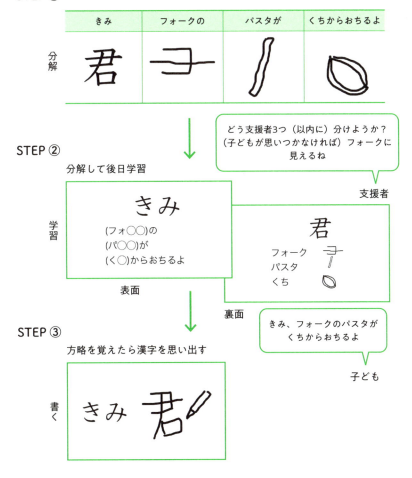

STEP①：分解のステップでは支援者と子どもが相談しながら漢字を分解します。「どうやって分解しようか」と尋ね、子どもが思いつかなければ「ここカタカナのナに見えない？」などと持ちかけてみましょう。分解する個数は最大でも3つ程度にまとめます。それ以上に増えると覚えにくいかもしれません。

STEP②：学習のステップでは図のようなカードを作ります。表面には覚え方を思い出しやすい語頭ヒントが書かれていて、裏面には答えがあります。カードを見て覚え方を思い出す練習をします。

STEP③：最後のステップでは覚え方を思い出しながら漢字を書きます。このやり方では書くことを繰り返すのではなく、覚え方を思い出すことを繰り返しやるのが特徴です。

なお、漢字の分解は1回あたりに数個にとどめる方がよいでしょう。多すぎると時間がかかって疲れますし、覚え方が干渉して混乱することがあります。

支援策 3　長期記憶を活用する学習

　どのやり方でも共通する留意点ですが、漢字の書き学習を行うときはその子どもにある既有知識を活用します。下図のように漢字テストをすると部分的にでも書けている漢字（部分正答漢字）と、まったく書けない漢字（無答漢字）が現れます。

●長期記憶を活用する学習の例

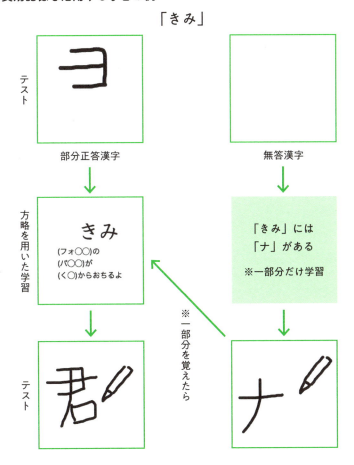

学習して定着しやすいのは部分正答漢字です。部分的に書けているということは子どもの長期記憶に漢字の部分的な知識や全体的なイメージが少しでも残っているわけで、新たに学習するのは残りの部分だけで済みます。テストした結果、部分正答漢字だったものから支援策②の「方略を用いた学習」を行えばよいでしょう。

　では、無答漢字はどうすればよいでしょうか。これも方略を用いた学習を行いますが、まずは一部分だけを覚えることに集中します。例えば「きみの中にはナがある」ことを支援策②の「方略を用いた学習」を用いた学習の手続きに沿って覚えます。部分として何を選ぶかは子どもと相談して決めます。覚えることができればこれは部分正答漢字になっているので、改めて漢字の全体について支援法②「方略を用いた学習」を行います。

支援策4 日本語のつづりの学習

　読み障害がある子どもでは「やわらかい」を「やらわかい」のように音の順番が入れ替わっていたり、別の音に置き換わっていたり、音が脱落していたりします。こうした音韻処理の弱さに起因する書きの苦手さはなかなか修正しにくいものです。

　このようなときは単語をいくつかに分解します。もしも「や・わ・ら・か・い」と一度に覚えようとすると5項目を覚えなければなりません。それを「やわ」「らかい」とすることで2項目を覚えればよいことになるのです。私達も長い英単語（例えばcooperation）を一度に覚えるのは大変です。思い切って自分にあった覚え方にして「coo」「pera」「tion」と分け1つずつ覚え、覚えたらつなげるようにすると正しい順序で覚えやすくないでしょうか。

●つづりを分けて覚える学習の例

		やわらかい
1	やわ	やわ
2	ら	ら
3	かい	かい
全部		やわらかい

学習

		や？
1		やわ
2		ら
3		かい
全部		やわらかい

テスト

支援策 5　作文場面での字の使用

　書字に困難のある子どもは作文のときに字が乱雑になったり、誤字脱字が増えたり、漢字の使用が減ることがあります。指摘をすればある程度直せますが、自由に書く場面だと誤りが頻出します。意識を集中すると内容に意識を向けにくくなり、内容に集中すると字に意識を向けにくくなるのです。

　このようなときは目的に応じて課題を使い分けます。下表のように作文で内容を重視したいときは内容を優先します。

　もし作文の中での書字を改善したいのであれば、書字に注目した特別な作文の活動を行います。

● 目的に応じた課題の使い分け

学習の目的	作文で内容を重視したいとき	作文の中で正しい書字を行わせるとき
作文の方向性	読んで意味が分かればよしとして、誤字、脱字などは許容し、指摘はしない。または指摘する回数を決めておきそれ以上は指摘しない	ミニ作文などで事前にルールを決め、書字に注意を払いながら作文する。
作文の例	感想文、下書きなど	ミニ作文など書字支援用の作文

課題の具体例

事前のルールの例：
- 漢字を 3 つ以上使ったら OK
- 「ょ」がぬけるのが 1 個までは OK

など

ミニ作文の例：
次の言葉を使って、短いお話を作りましょう。
「コロコロ」「わあー」
「どすん」　「よかった」

支援策 6 英語のつづり学習

　読み書き障害のある子どもは中学の英語の学習、特につづりで困難が持続しがちです。skool、frower、frend のような文字の間違いはよく見られます。同じまたは似た音の文字と間違えるのです。

　つづりの学習は P.77 のローマ字の読みの学習やフォニックス（P.96参照）の学習と表裏の関係にあります。例えばローマ字の読みの学習では k に対応する音を学びました。逆方向に音に対応する文字を考えると、ローマ字では1対1ですが、英語では同様のまたは似た発音の文字として c、k、ck、ch などがあり、スペリングでは音に対する文字の選択肢が増えてしまいます。「school」と「skool」は ch の部分を「クッ」のような発音をするため同様の発音の「k」と間違いやすく、「ch」と「k」は形態も似ています。

　英語のつづりの学習では特にフォニックスの要素は重要になってきます。例えば音韻処理に弱さのある子どもが school とつづろうとしたとき、おおまかに「ス・クー・ル」のように思い浮かべるでしょう。そしてスには s や th が、クには c、k、ck、ch が、長音の部分は o や u、oo が、ルには r、l が対応します。こうしたつづり分けについての学習が必要になるのです。

ポイント
- 書きは基本的な書字技能をその子のペースに合わせ育てます。
- 書くのが難しい字は方略を使って学習します。
- 作文では内容重視か書字重視か、目的に応じて課題を分けます。

第3章　書き障害の原因と支援のしかた

> コラム

フォニックスとは

日本語では文字「あ」に対して音「a」が対応しており、当たり前のように文字と音を結びつけて学習します。しかし、英語では night の gh は文字の名前としてはジーとエイチが対応していますが単語の中では読まないように、音と文字の関係性が複雑で、決して当たり前のことではありませんでした。

そのため文字と音の関係を整理して文字 b がブッのように発音することを明示的に教えるやり方が現れました。これはフォニックスと呼ばれ、読み書きに困難がある子どもの英語学習にとっても有益なものであると考えられています（e.g., 湯澤, 2017）。

第 4 章

読解困難の原因と支援のしかた

4-0 読解困難のイントロダクション

読解困難とは

読解に困難がある子どもを指します。一見分かりにくいですが、字は読めるが読むのが遅い子どももいます。読解困難はさまざまな要因で生じると考えられます。

さまざまな読解の困難の例

国語の漢字以外が空白、選択肢の問題が難しい、言葉の意味を知らない、「自分が正しいと思うことを答えるのに間違っていると言われる」と言う。

まさきさん

- 診断前／就学前：口頭でのコミュニケーションは上手
- 診断時期／就学後：国語で簡単な設問に的確に答えられない

あゆみさん

- 診断前／就学後：読みの速度が遅い
- 診断時期／小学校中学年：自力では読んで解答することが難しい

のりおさん

- 診断前／小学校：口頭での言語理解が難しい
- 診断時期／中学生：計算や漢字が得意だが、考えて解答する設問が解けない

読解困難の原因

- **読めない、読むのが遅い**
  読み障害がある、読み障害が軽減した状態
- **言語理解の弱さ**
  語彙の少なさや、口頭での言語理解の弱さ
  ※読みはできても、読解ができない場合がある

> 読解困難があると読解の経験が増えず、同じ年齢の子どもの読解の力と差が開く

個別支援

● **「検索」を用いた学習**
　文章の内容について検索して覚えやすくし、読解をしやすくします。

● **長期記憶の活用**
・経験を積み文章に関する背景知識を増やしたり、知っている知識をもとに語彙を増やしたりして、読解をしやすくします。
・文章構造についての知識を学び、読解に役立てます。
・スモールステップで読解に取り組み、読解の経験を積んで読解を促進します。
・問題文を読んでから解答するまでのプロセスを明示して学習し、読解の解答を自動化しやすくします。

● **言語領域・視空間領域を生かした支援**
　読解のときに言葉を覚えやすくしたり、絵や図で要約するプロセスを含めます。

支援上のキーポイント

　読解の困難はさまざまな学習につながりがちなので、予測して支援します。

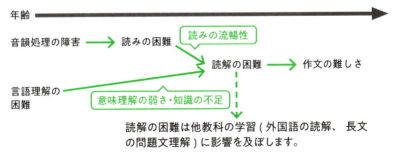

読解の困難は他教科の学習（外国語の読解、長文の問題文理解）に影響を及ぼします。

4-1  読解困難がある子ども

読解困難のある子どものケース

　読解とは読んで理解することです。読解困難は大きく2つの要素が関わります。1つは読みの力です。読めなければ読解はできませんし、読むのが遅くても読解に大きな影響を与えます。もう1つは言語理解の力です。読むことができても言語を理解する力が弱ければ読解が困難になります。

　そのため読解困難は、読み障害がある子どもや、読み障害はないが語彙力や言語的な理解力に弱さがある子どもに見られます。

事例① 読み速度が遅く読解に困難があるはるとくん

　読み障害の診断を受けたはるとくんは読みの学習支援を受けて次第に字が読めるようになっていきました。当初は読む速さが遅く1文字ずつ拾い読みする時期が続き、次第に速度は速くなってきたものの所々でつっかえたり、読めない漢字があって止まったりします。「〜だ」と書かれているのに「〜です」と読むこともあります。

　同じ文章を何回か読んでいるとその文章は読む速さが速くなり

ますが、新しい文章に取り組むと遅くなります。国語のテストの点は低く、選択肢問題も間違えてしまいます。文字を思い出すのが遅いので解答にも時間がかかります。しかし、問題文を大人が読み上げると正解することができます。

事例② 読みはできるが読解に困難がある
けいこさん

けいこさんは自分の興味のある話をすることが大好きです。字を読むことは得意で速く、算数の計算は平均よりも速いほどですが、国語のテストとなると適切な文意の読み取りや回答が難しいのです。例えば「大造じいさんとガン」のお話のテストで「残雪とは何ですか」という設問に対して

「鳥」や「ガンのリーダー」ではなく、「残った雪」と答えてしまいました。

国語には苦手意識があり国語の得点は主に漢字の読み書きテストで稼いでいます。最近では設問を読んで答えることはあきらめている様子です。日常生活でも会話はできますし情報のやり取りはできますが、相手の気持ちの読み取りや嫌み・皮肉の理解には難しさがあります。

事例③ 語彙量が少なく読解に困難がある
かおるくん

野球部に所属するかおるくんは寡黙でやさしい性格です。大人と話すときも適度な社会的な距離感をとることができ、状況に応じた話をすることもできます。ギャグにも的確に反応します。

かおるくんは語彙量が少ないものの、字を読むことはでき国語

のテストで本文や設問を読むことはできます。しかし、文中の漢字熟語の意味が難しいものは読めないことがあります。その漢字熟語の表している言葉を知らないからです。文中に現れる言葉でも知らないものがよくあり、国語のテストの得点はよくありません。「3字で抜き出しましょう」と書いてあると意味よりも字数で言葉を探そうとします。

読解に困難のある子どもや大人

　読解困難は学校現場でよく経験されるかもしれません。国語と算数のテストを受けると算数はよくできるのに国語だと基本的な設問でも間違えたり、正しい選択肢を選べなかったりします。

　支援者が丁寧に教えてもピンとはこない様子で、支援者の表情を見て正解を選ぼうとするかもしれません。その中には語彙量が少ない子ども、読み障害があるか、あるいは以前読みの困難が見られた子ども、自閉スペクトラム症のある子ども、さまざまな事情で養育環境が十分でなかった子どもがいる場合があります。

　しかし、読解力は学習を継続しているとその人のペースで向上していきます。4年生の頃は読解が難しかった子どもも6年生になったら以前は理解できなかった読解問題を解答できるようになったり、「高校の頃は国語の時間に当てられるのが怖かったけど今なら答えられる」と言う大学生もいたりするのです。

読解困難の定義

　「読み」とは字を見てそれに対応する音を呼び出すこと（decoding:

解号)ですが、「読解」とは読むことと同時に理解をします（reading comprehension：読解、読み理解）。

子どもの中には読みはできるが読解が著しく困難な者もいます。また、文を読んで理解するテストと文を聞いて理解するテストとの相関に比べると、文を読んで理解するテストと字を読むテストの相関は低い（García & Cain, 2014）とされます。このようなことから読みと読解とは区別して考えます。

読み障害をディスレクシア（dyslexia）や単語レベル読み障害（word-level reading disabilities）とも呼ぶのに対し、読解障害は文レベル読み障害（text-level reading disabilities）とも呼ばれます。

医学分野ではDSM-5-TRで**限局性学習症**（Specific Learning Disorders：SLD）の定義の中において学習領域、下位技能について次のように表されています。

> 読んでいるものの意味を理解する困難さ

読解困難の定義は、読みはできるが読解に困難があるものとされますがその定義には難しさが伴います。読み障害は読解の困難につながりますが、読み障害が軽減していても読解に影響を与えることがあり、読み障害と読解困難が併存することもありえます。

読解困難の出現率

英語圏では研究によって数値に違いがあるものの、読み障害も含む読解困難は1〜15％に及ぶとされます（Fletcher, et al., 2019）。Cattsら（2012）の調査では読解困難がある子ども13％のうち52％は読解障害、36％は読み障害、12％が両方の基準を満たしていま

した。一般的に読解困難は読み障害よりも年齢が上がってから明らかになると考えられます。

> **ポイント**
> ● 読みに困難はないが読解に困難がある場合がある。
> ● 読み障害の結果、読解困難が生じることがある。
> ● 読み障害と読解困難は区別が難しいこともある。

4-2 読解困難がなぜ生じるか①
読みと語彙の弱さ、背景知識

読解に必要な認知処理

　文章を読んで理解するには複雑なプロセスが必要です。下図に示すのは読解に関わる認知処理について、**支援に役立つ図式**として要約したものです（図はOakhill et al.(2014)を参考に作成しましたが、以下に示した図や説明は理論的に厳密なものではなく、図中の順番や枠の面積は読解における重要度を表しているものではありません）。本節と次節ではこの図式に沿って読解の困難を考えます。

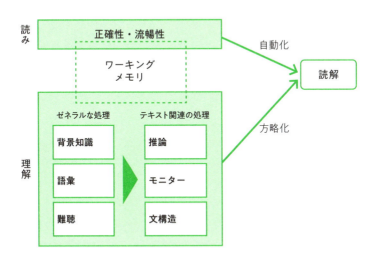

読解困難の子どもが示す認知特性：読み障害

　読解には読みが大きく関わっています。読み障害があれば、読んで理解することが最初の段階でできなくなります（第2章参照）。また、読みは「読めた、読めなかった」といった「正確性」の側面に注意が集まりがちです。しかし、読み障害の子どももやがて字は「読める」ようになるものの、逐次読みになったり、読む速さが他の子どもより遅かったりして、内容を理解するために必要な読む速度が十分に得られていないことがあります（右ページの「体験してみましょう」参照）。

　読解の支援の際は読みの「流暢性」への視点が必要です。読みは自動化してより流暢になることで読解のしやすさにつながります。

　また、読解には理解が大きく関わっています。例えば読み障害のある子どもで独力では国語のテストに解答できないが、他の人に問題文を読んでもらうと口頭ですべてに正答できる場合があります。逆に読みは正確・流暢にできるが、テストの設問が求めるものと違う答えを書いたり選んだりしてほとんど得点できない子どももいます。このようなことから「読み＝理解」ではなく、読みと理解とが読解の異なる要素を構成していることが分かります。

 ### 読解困難の子どもが示す認知特性：理解の困難①

　理解も複雑なプロセスを含んでいます。**背景知識**とは読解を行う際に背後で活用している知識です。例えば野球の話を読んでいるときは野球のルールを知らないと意味が分かりません。「私はついに剱岳に登った」という一文の喜びを理解するには剱岳が登山者にとって険しい憧れの山であることを知っている必要があります。

語彙はボキャブラリーつまり言葉の知識のことです。「あいつはいつも韜晦（とうかい）している」という文の意味を理解するには、「韜晦」が自分の才能や地位を隠す意味であることを知っている必要があります。

聴解（高橋,2012）は聞いて理解することです。背景知識や語彙、文法知識をもとにして口頭でのコミュニケーションができるか、読まれた文を理解できるかは、読解を考えるときに必要な視点です。

読解困難のある子どもは同じ年齢の子どもに比べて背景知識や語彙、聴解の力が少なかったり、偏ったりしていることがあります。

――― 体験してみましょう ―――

漢字が読めないと意味が分からない

次の文章を読みましょう。

抽斗の中に躑躅のかげから飛び出る山翡翠の絵が入っていた

解 説

「ひきだしの中にツツジのかげから飛び出るヤマセミの絵が入っていた」と読むことができれば意味が分かりますし、ヤマセミが鳥であることを知らなくても生き物という推測ができます。いくつかの字が読めなくても文の意味が分からないのです。

背景知識の分からない文章

次の文章が何を指しているのか想像しながら読んでみましょう。

穴のあいた箱は私達が生活の中でよく見るものです。だんだんと使いにくくなった物を穴に入れて箱についている棒を回します。するとまるで新しくなったみたいにまた使えるようになるのです。

解説

文が何を表しているのかはっきりとせず読みづらかったのではないでしょうか。これは鉛筆削りに鉛筆を入れて削る様子をわざとそれと示さずに書いた文章です。そうだと分かればスムーズに読めます。

読めない字はなくても背景知識がない状態だと状況をイメージしにくく読みづらいのです。読解に困難のある子どもはさまざまな背景知識が少なく、読んでいることの内容を理解できないことがあります。

言葉の意味の分からない文章

次の文は子どもが知らなかった言葉を非単語（実在しない単語）に置き換えた文です。子どもにとってはまるで以下のように読めています。

びのぱより私たちは草ののけぬを使ったりじゃべのをすきろたりしてがじゃんにある色をごへれしてきた。

解説

上の文は以下の文章の下線がある単語が非単語に置き換えられています。

古来より私たちは草の汁を使ったり鉱物を砕いたりして身の回りにある色を利用してきた。

この単語は語彙の少ない子どもが知らなかった言葉です（漢字にふりがなをふっても意味が分からなかったものです）。この子どもにとっては非単語なので、ふりがながあって読めたとしても意味は分からないことになります。

> **ポイント**
> ○ 読解にはさまざまな要因が関与する。
> ○ 読解は読みと理解の2つの観点から観察する。
> ○ 理解には背景知識や語彙が関わっている。

4-3 読解困難がなぜ生じるか②
推論、ワーキングメモリの弱さ

読解困難のある子どもが示す認知特性：理解の困難②

推論は文と文を結びつけたり、背景知識や文に書かれていることを結びつけたりして理解する働きです。例えば「カモメは驚いて飛び立った。曇り空に溶け込んでやがて見えなくなった」という2つの文が表す状況はすぐ理解できますが、それができるのはカモメが白い、曇り空も白いことを知っていて曇り空と同じ色のカモメが見えにくくなったと推論できるためです。

理解モニタリングは自分が理解できているかどうかを確かめるメタ認知的な働きです。文を読んでいて「え、どういうこと？」と思って少し前に戻って読み直し「ああそういうことか」と理解できるには、自分が文章の意味を理解できているかをモニターできている必要があります。

文構造の知識は文章の構造について経験したり学んだりして知っていることです。例えば物語は一定のパターンが見られ、説明文では「問題提起→事実の説明→結論」のような構造があります。詩や小説、随筆などどんなジャンルの文章なのかという知識も持っている必要があります。

読解困難のある子どもは推論や理解モニタリングが弱く、文構造の知識が少ないことがあります。

読解困難のある子どもが示す認知特性：
ワーキングメモリの弱さ

　読解困難のある子どもは言葉を一時的に記憶すること（ワーキングメモリ）に弱さのあることがあります。例えば「トンネルの向こうに光が見えた。『なんだろう、あれは』とつぶやいて、たろうはそれに向かって歩き始めた」という文章を読んだとき「それ」が何か分かるためには「光」を覚えていなければなりません。翻訳された推理小説で登場人物の名前を覚えられず筋が分からなるのもこれと同様です。

 ### 読解困難が及ぼす影響

　読解困難の子どもは、語彙や背景知識などが少ないといった理由によって文章を読んでも意味が分からないため、自発的な読書をしない傾向にあります。マンガも読まない子どももいて、その結果として語彙や背景知識が増えません。

　語彙や背景知識が多く持つ子どもは文章を読んで理解でき、楽しいのでさらに読みます。それによって語彙や背景知識がますます増えるため、読解困難の子どもとの差が開いていきます。これはキリスト教の聖書の「持っているものはさらに豊かになり、持っていないものは持っているものまで取り上げられる」という逸話に基づきマタイ効果（Matthew effect）（Stanovich, 1986）とも呼ばれます。

　読みの学習の最初の段階で子どもは**読み書き能力**を高め「**テキストの学習**」をします。これはテキスト（文章）を読んで理解する読み取りのことです。やがて「**テキストからの学習**」が重要なものになっていきます。これはテキストを読み知識を獲得するための読み

取りで、テキストに書かれていることを応用するものです（小嶋，1996）。読解困難の子どもは「テキストからの学習」につながるように、読み書き能力を高め、「テキストの学習」を行う必要があります。

体験してみましょう

推論が要求される文章

次の文章を読んで質問に答えましょう。

スズメが食べ物を食べた。食べ物はチーズだった。スズメはお米を探していた。

　　質問：スズメが食べたのは何ですか。

石灰水は二酸化炭素に触れると白くなります。息には二酸化炭素が含まれています。

　　質問：石灰水に息を吹き込むとどうなりますか

ここは教会です。静かにお過ごしください。

　　質問：なぜ静かに過ごさなければならないのでしょうか

解説

最初の文章は年齢が低い子どもの推論を体験するものです。一つひとつの文にはスズメが食べたものが直接的には書いてありません。しかし、文と文とをつなぐことでチーズを食べたこと、まだお米を食べていないことが分かります。

また、次の文章は中学生の推論を体験するものです。石灰水に息を吹き込むと白くなることが分かるためには2つの文を統合する必

要があります。

　最後の文章は生活での推論を体験するものです。「祈りを捧げるために気が散らないように」などと答えるかもしれません。しかし、そのことは2つの文のどこにも書いておらず、私達の背景知識に基づいて推論しています。

　読解に困難がある子どもでは文を読むことはでき、一つひとつの文の質問には答えることができるが、複数の文をつないだり、持っている知識と関連付けたりして理解することが難しいことがあります。

文構造の知識

　3ページの説明文があります。次のことを考えてみましょう。
質問：短時間で筆者の意見や結論を探さないといけないとき1〜3ページの中で何ページを探しますか。
質問：短い時間で筆者が示すデータや事実の文章を探したいとき1〜3ページの中で何ページを探しますか。

　3ページの物語文があります。次のことを考えてみましょう。
質問：登場人物がピンチに陥るのは1〜3ページの中で何ページあたりでしょうか。
質問：ナゾが解決し平穏な暮らしが戻ってくるのは1〜3ページの中で何ページあたりでしょうか。

解説

　説明文で意見や結論は3ページ目と考えたのではないでしょうか。または結論先行で1ページ目かもしれません。また事実の文章は2ページ目と考えたかもしれません。

物語文でピンチに陥るのは2ページ目、平穏な暮らしが戻るのは3ページ目と考えたのではないでしょうか（もちろん例外はたくさんあります）。

　私達は文のジャンルによって一定の文の構造があることを知っていて、その知識を使って効率的に読解しているのです。読解に困難のある子どもではこうした知識が少なかったり、文に合わない知識を適用したりすることがあります。

> **ポイント**
> - 読解には推論、文構造の知識、ワーキングメモリなどが関わる。
> - 読解の際は意識せずにこれらを使っている。
> - 読解困難の子どもはこれらの力に弱さがあることがある。

4-4  読解困難のある子どもへの支援策

 読解の学習

学習の難しさ

　学校の学習の中では、書いてあることを読み取る力を伸ばそうとする活動が多く含まれています。語彙学習を行ったり、文章の構造を説明したりします。これらは読解の力を伸ばすためにとても大切な学習です。

　読解が困難な子どもは、語彙学習として辞書で意味を調べても第1に辞書が引けなかったり、第2に辞書が引けたとしても定義の意味が分からずただ書き写すだけになったりすることがあります。

　また、「はじめ、なか、おわり」や「序論、本論、結論」など文章の構造を教えても、子どもがそれを活用できているかは分からないことがよくあります。中には「結論は最後にある」と教えられた知識を機械的にどんな文章にも適用してしまい間違える子どももいます。
「文章を繰り返し読ませる」と指示されることもありますが、繰り返し読むことで（その文章に関しては）読む速さが速まりますが、理解がそれほど深まってはいない様子も見て取れます。

どのように支援するか

　読解に困難のある子どもの認知特性に応じて、大きく次の3つの支援方策が検討の対象となるでしょう。

第1に**読み書き能力（リテラシー）**の向上です（第２章、第３章参照）。読みが困難な子どもでは読みの正確性と流暢性の支援を行います。
　第2に「**テキストの学習**」です。文章を読んで理解する学習です。
　第3は「**テキストからの学習（learning from text）**」です。テキストを読んで知識を獲得していく学習です。読解に困難がある子どもの場合、第1（第2章）と第2の学習の必要性が高いことが多いと思われるため、ここでは第2の「テキストの学習」を中心に考えていきます。

　一般的に読解の学習と言えば、「文章を読んで理解すること」の支援が思い浮かびますが、実際には「文章を読んで理解した後に答える」ことへの支援が必要です。国語のテストを思い浮かべると分かりますが、読解力は本文を読んで設問を読んで答えることでその度合いが得点化されます。読解に困難がある子どもは設問の意味を読み取り、答えるプロセスにも支援が必要なのです。

　①語彙・背景知識を増やす
　②文章の内容を記憶にとどめやすくする
　③文章の内容を要約する
　④設問の読解を支援する
　⑤その他の読解学習支援

　これらの支援方法については河村（2019）を参照してください。

支援策1 語彙・背景知識を増やす

　英語の学習をするとき、単語を覚えることと長文を読解することは両輪になっていなかったでしょうか。日本語を学習するときに語彙学習は読解学習の最も重要な基礎となります。知らない言葉、重要な言葉が出てきたら語彙学習を行います。

　語彙学習はあらゆる学習で適用可能です。物語、説明文、評論文を問いませんし、理科や社会科の内容でも行うことができます。体系的に語彙のリストを学んでいくのもよいですし、読解の学習に取り組む中で子どもが知らない言葉、支援者が大事だと判断する言葉を取り出して学習していくのもよいでしょう。語彙学習については第2章を参照してください。

　背景知識は買い物をしたり、交通機関を使ったり、キャンプをしたり、さまざまな体験をして増やします。ゲームを通してインターネットや機器操作に詳しくなる子ども、歴史に強くなる子どももいます。また、小説が映画化されているなら先に映画を見ることで物語の内容が理解しやすくなることもあります。

　背景知識はこのように体験を通して増やしますが、気をつけなければならないのは体験を大事だと思うあまりに本人が好んでいないことを休む暇もなく体験させ続けることです。食べ物を消化するのと似ていますが、何もしない時間も大切にしましょう。

支援策 2　文章の内容を記憶にとどめやすくする

　読解困難のある子どもは、読んだ文章あるいは文の内容を、読んだ直後に尋ねても何であったのか答えられないことがあります。読むことに注意が向いていて内容理解に至っていないのです。そこで想起すると記憶にとどめやすくなる効果（P.58のコラム参照）をねらって、文章の内容を思い出す学習を行います。その学習には2タイプがあります。

　1つは逐文的に想起を求めるもの、もう1つはより自発的な想起を促すために枠組みを与えるものです。

◎ 文を読んで絵で想起するプリントの利用

　下図は文字が読めるようになったばかりで文を読んで意味を取るのが難しい子どもに適用するプリントです。一般的には文を読んだ

●文を読んで絵で想起するプリント

らすぐ設問に答えさせる練習をします。しかし、設問を読むことも難しい子どもなので、まずプリント①で文を読んだら文が表す絵を線でつなぎます。これによって文の内容を記憶にとどめやすくします。その後にプリント②で文を読んで答える段階に入ります。

◎ 文を読んで単語で想起するプリントの利用

下図は文章と設問がある一般的な読解問題の例を示しています。設問に取り組む前に文章の1つの文に対応して1つの質問が書かれたプリントに取り組みます。1文を読むたびに1つの質問に答えても良

● 文を読んで単語で想起するプリント

いですし、いったん文章を読んでからまとめて質問に答えても良いです。

　読解問題の設問と異なるのは、読解の結果を尋ねようとするのではなく、文の内容を記憶にとどめやすくする目的であることです。

文を読んで単語や絵を想起するプリントの利用

　右ページ上図の「説明文への対応例」は前ページで示した説明文の読解問題の文章を一定のルールに沿って内容を想起することで記憶にとどめやすくしようとするものです。全体を通して最もよく出てきた言葉を中心にしておおまかな段落単位の中で最もよく出てきた言葉と結んで文を作ります。

　このとき子どもに対して「キーワード」「重要（大事）な単語」という言い方はしません。読解困難の子どもにとって重要かどうかは読んでも分からないため「一番よく出た言葉」のように認識しやすい頻度の情報で説明します。「大事だと思う単語」と言うことはできます。「大事な単語」というと正解のある単語であることを意味してしまい読解困難の子どもは戸惑います。「思う」をつけることで主観的で良いということを伝えられます。

　なお、右ページ下図は「物語文への対応」のプリントです。物語文では説明文とは形式が異なり「いつ、どこで、だれが、どうした」という枠組みで情報を想起し、さらにそれらを絵にまとめていきます。物語文と説明文のジャンルの違いを反映していると考えられます。同時に異なるジャンルの文章に同じ形式のプリントを適用することで、自力読解につなげることを意図しています。

　さらに、これらの取り組みの前後に要約をしたり、理解度を数字で表現したりすることで、学習の成果を実感しやすくなります。

●文を読んで単語や絵を想起するプリント

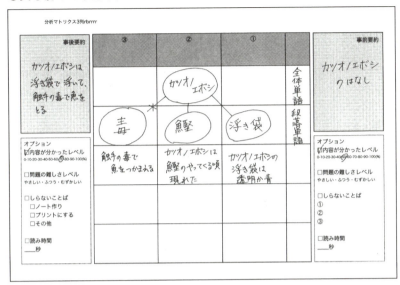

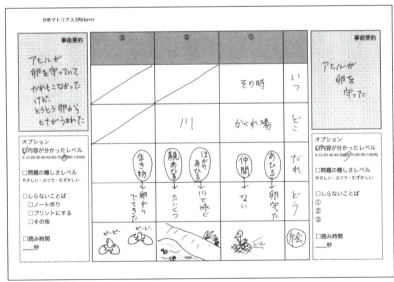

支援策 3 文章の内容を要約する

　ここまでの支援では文を読み、内容を記憶にとどめやすくすることに焦点をおきました。

　読解問題では内容を要約する必要がある場面が度々あります（例：筆者の意見を30字でまとめなさい）。また、内容を要約できることは読解ができていることの指標にもなります。そこで内容を要約する力を高めるために下図のような要約ボックスを設けるとよいでしょう。

● 要約ボックスを使ったプリント

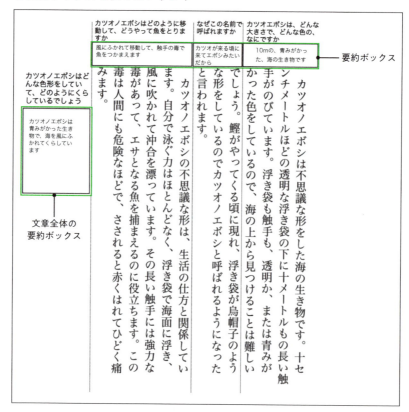

上から紙を置いて1文ずつ読み、1つの文に対応する1つの質問に答えるプリントに取り組みながら、点線のある行まで到達したら要約ボックスにそこまでの要約を書きます。

　要約ボックスの上には「どんな大きさでどんな色の何ですか」のように要約の文型だけが疑問詞とともに示されています。それを参考にして要約を書きます。疑問詞を用いることで子どもが書くべきものがより明確になります（疑問詞の部分を空白にすると難しくなり答えられないことがあります）。また、文末には文章全体を要約するボックスがあります。

　このようにすることで、読解困難のある子どもも読解や要約の経験を比較的負荷なく積むことができます。

支援策 4 　設問の読解を支援する

　読解困難のある子どもは、設問の文の読解にも困難を示します。ある程度の学年になると設問文は本文を読めば簡単に分かるものではなくなります。言わば設問文と本文の推論を行わなければならないのです。そのためのアプローチは2つあります。

　1つは設問文が求める推論をスモールステップ化することです。これは支援者の積極的な支援に基づきます。
　もう1つは人が設問文を読んでから解答するまでのプロセスを定型化し、それに沿って解答する経験を積むものです。これはできるだけ自律的な学習を目指すものです。

　まず、推論をスモールステップで示すやり方です。右ページの図は本文と設問の例です。これに答えられない場合、(a) のように設問が要求する推論をスモールステップ化して示し、子どもはそれに答えていきます。スモールステップで答えたことをつなげるとその延長線上に設問の答えが浮かび上がるようにします。
　次にできるだけ自律的な学習を目指すやり方が (b) に示すものです。さまざまな問題に対して同じ型で答えます。
　最初は設問の分析を行います。これは設問が求めていることを端的に述べるものです。そして字数など設問の条件を区別します。読解に困難のある子どもは字数だけを手がかりに答えを探そうとすることがあるため、問題が求めることとその条件を区別する練習を行います。
　年齢が比較的低い子どもや読解の困難が大きい子どもでは (a) を、年齢が比較的高い子どもや入試などテストに対応するための学

習を行う子どもでは（b）を実施していきます。

(a)

キツネの家は動物の村の入口のすぐ近くにありました。欲深いキツネはこっそりと岩で道をふさいでしまい、キツネの家の庭を通らないと村に出入りできないようにしました。そして村を出入りする動物から道の使用料を取り立てました。

ある時、動物たちはキツネの家の庭の通り道に市場を作りました。キツネは怒りましたが動物たちは言いました。
「通り道にはお金を払っていますよ。」
キツネは言い返せずに家に戻りました。やがて市場は村の外からもたくさんのお客がやってくるほど人気を呼び、キツネの家の庭はすっかり村の動物たちのものになってしまいました。

【問題】庭に市場が作られてしまったのに、なぜキツネは言い返せなかったのでしょうか。25字以内で書きましょう。

【スモールステップ】
① キツネの庭を通るとき動物は何を払いましたか
② すると動物たちはキツネの庭を使うことができますか
③ 庭をどのように使いましたか

(b)

	問題のぶんせき	ステップ1 答えを考える	ステップ2 文を読んで答えを考える	ステップ3 答えをきちんとする
	問題がなにをもとめているか、わかりやすく言いかえる	文は見ずに、答えを考える	問題が聞いている、ちょっと前からちょっと後まで読んで、答えを考える	問題の用紙に書かれているやり方(例：○文字以内など)に合わせて答えをととのえる
(1)	キツネが言い返せなかった理由を書く ★条件 20字(ちょうど (以内) 以上) □ぬきだし ☑せつめい □最初(最後)の○文字 □選択 その他（　　）	お金	庭の使用料を払っているので動物たちが市場を作ってもよい □もう少しはんいを広げる(前・後) □濃い部分も読む 　□問題文の中の言葉を見る 　□同じ(似てる)文を探す □その他	使用料を払っているので動物たちも庭を使って良い ★解答したらチェック □知らない言葉(　　) □問題に答えるヒント(　　) □その他気づき(　　)

第4章　読解困難の原因と支援のしかた

支援策 5　その他の読解学習支援

　ここまで述べてきた以外にも読解学習支援は多岐に亘ります。推論の支援、モニタリング、文章構造の支援は重要です。また国語に関連して文法事項の学習のほかに、「ぬきだしなさい」「○○字以内」「はじめの○字」などの国語固有の答え方の学習、選択肢問題の答え方の学習なども避けて通ることはできません。入試を控えた子どもでは時間計算を学習する必要もあります。

　問題の解決方略は子どもによって異なっています。本文を読んでから設問に進むのが望ましいですが、読み速度が遅く間に合わない子どもでは設問から読む方が結果的に点が高くなることもあります。読解学習をしているときの子どもの目の動きをよく観察し、子どもに合った支援を行うようにしましょう。

> **ポイント**
> - 基礎的な読み書き能力の向上を目指す。
> - 語彙・背景知識を増やす。
> - 本文の読解支援とともに設問の読解支援を行う。

第5章

作文困難の
原因と
支援のしかた

5-0 作文困難のイントロダクション

作文困難とは

作文に困難がある子どもを指します。書きの困難があるため作文ができない子どももいます。会話は得意だし、読みに困難はないのに、作文は困難な子どももいます。作文の困難はさまざまな原因で生じます。

さまざまな作文の困難の例

口頭ではあったことを話せるのに作文になると手が止まったり、作文の宿題があると夜遅くまで取りかかれなかったりします。

	めぐみさん	としみさん	しげるさん
診断前	就学前 字を書く、絵を描くのが苦手	就学後 読みの速度が遅い	小学校 読みや算数には困難がない
診断時期	就学後 読みはできるが字を書くこと、文を書くことが難しい	小学校中学年 読むのが遅く、書きが困難	中学生 読解テストの記述問題が苦手。作文は内容が乏しく、書き出せないことも多い。

作文困難の原因

- **書けない、書くのが遅い**
  読み書き障害がある、書き障害が軽減した状態
- **ワーキングメモリの弱さ**
  プランニングできない、語彙や作文の知識の乏しさ

※読み書きや算数はできても作文ができない場合がある。

> 作文の困難があると作文の経験が増えず、同年齢の子どもと比べて作文の力に差がつく

個別支援

● 読み書き読解能力の向上
基礎となる読み書きや読解の力を向上させます。

● ワーキングメモリに配慮した支援
- 書く材料を思い出して集め、整理する支援を行います。
- ワーキングメモリの負担が大きいためスモールステップで一つ一つのステップがシングルタスクになるようにして取り組んでいきます。
- 文章を書いて、文を増やす支援を行います。書き出すことそのものにワーキングメモリの働きが奪われるため、スモールステップ化して、一つ一つのステップがシングルタスクになるようにします。

● 文の構成に関する支援
グラフィックオーガナイザーを用いて視空間領域の働きを支えにして作文するようにします。

支援上のキーポイント

作文の困難は社会生活に影響を与えるため、予測して支援します。

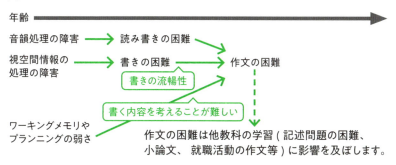

5-1 作文困難がある子ども

作文に困難のある子どものケース

　文章を書くことは非常に複雑なプロセスです。その困難には大きく2つが関わっています。1つは字の書きです。字を書けなければ作文はできませんし、字を書くことが遅いことは作文の量や質に影響します。もう1つは文章構成（composition: 作文とも訳されます）です。字を速く書けたとしても作文を書く動機が低かったり、書く言葉が思い浮かばなかったり、全体の構成をプランニングできなかったり、書いてあることを読んで評価・修正ができなかったりして書き出せない、書いても単調な文章になるなどします。

事例①　読み障害があり、作文にも困難があるすみこさん

　読み障害の診断を受けたすみこさんは読みの学習支援を受け、年齢とともに次第に字を読む速さも速くなっていきました。しかし、字を思い出すことには時間がかかり、時にはひらがなの「な」を書こうとして「えっと、な……な……」とひらがなを思い出せないこともあります。

　そのため口頭では書こうとすることを話すことができますが、作文となると字を思い出すことに力を使ってしまい字数は少な

く、内容も乏しく、「行たのれす（行ったのです）」のように字の脱落や音の間違いが見られ、漢字の使用も少ない状態でした。作文を嫌がり取りかかるのに時間がかかります。

事例② 書き障害があり、作文に困難があるゆずるさん

ゆずるさんは博識で字を読むことは得意ですが、書くことに困難があります。不器用さがあって字を書くことそのものが遅いだけでなく、字を正確に書くことが難しいのです。漢字の読みテストはできますが、書きテストはほとんど書くことができません。書けて  いても一画抜けていたり、字が反転していたり、部分的に書けていたりします。

このような字を書くことの困難から、口頭の会話ではよく話ができるのですが、作文には時間がかかり字数が増えず内容も単調なものになってしまいます。ただ、年齢が上がるとともに徐々に字を書くことが速くなってきて、以前よりは書くことへの抵抗感は減ってきています。

事例③ 会話はできるが作文に困難があるしんじさん

しんじさんはスポーツが得意で部活動ではいつもレギュラーです。コミュニケーションに強みがあって友達とずっと話をしたり、知らない大人とも親しくなったりしますが、自分から話を振っていくよりも聞  き上手です。うまく質問して話を広げますし、感情を隠さない裏

> 表のない性格から相手を警戒させません。字を読んだり書いたりすることは得意ではありませんが著しい困難はありません。
> 　しかし、作文となると手が止まってしまい、まず書き出すことが難しいのです。「話をするように書こう」とアドバイスされても「話すのと書くのは違うから」と言います。書き出せたとしても書き方が幼くないか気にしたり、どう文章を展開するかに悩んだりして書き進めることが難しいようです。作文の字数指定が400字であっても100字くらいで止まってしまいます。

　読み障害がある子ども、書き障害がある子ども、読解に困難がある子どものいずれも作文の困難が生じがちです。書きの困難はなくても作文が書けない状態が作文困難と言えますが、実際は明確な区別は難しいことも多いでしょう。ここでは原因は問わず現象面として作文の困難を捉えていきます。

 ## 作文に困難のある子どもや大人

　作文の困難は学校や生活でよく経験されるでしょう。作文が巧みな子どもは特別に教わらないのに自分から文を増やし、修正し、良い構成で書いていきます。これに対して作文が著しく困難な子どもは文を考え出す速さが遅かったり、どのように書いていくかを思いつかなかったり、内容は物事の羅列で単調になっていて、修正をするように言われても修正ができなかったりします。

　支援には難しさが伴うことがよくあります。例えば「はじめ・なか・おわり」の枠組みを教えても結局は「なか」を充実させることが困難で、枠組みが役に立たないこともあります。日記や振り返り、読書感想文などで困難さを示しますが、年齢が上がると入学試験の小論文や就職の際のエントリーシートの記述で困る人もいます。

作文困難の定義

　作文困難は、支援ニーズは高いものの読み書きや読解に比べるとその発生機序は十分に明らかではありません。字を書くことそのもの（handwriting や spelling、transcription）と、文章を構成していくこと（composition）とで区別されますが、字を書くことが流暢であることは作文の量・質に影響する（Peverly, 2006）ので、その関係は深いものでもあります。

　書字（handwriting）には微細運動の力やワーキングメモリが、スペリングには音韻処理や視覚 - 運動の力が、文章構成（composition）には実行機能や言語スキルが関わっていると考えられています（Berninger, 2004; Kim & Schatschneider, 2017: 黒本 p289）。

　医学分野では DSM-5-TR の**限局性学習症**（Specific Learning Disorders：SLD）の定義において学習領域、下位技能について次のように表されています。

> 　書字表出の困難さ（例：（中略）段落のまとめ方が下手、思考の書字表出に明確さがない）、文法と句読点の正確さ、書字表出の明確さまたは構成力

作文困難の出現率

　英語圏では研究によって異なりますが文章を構成することの困難は6〜22%に及ぶとされます（Hooper et al, 1993）。ただし、読み障害、書き障害、読解困難、注意や実行機能の弱さなどさまざまな問題によって作文の困難は生じるため、作文困難をどのように捉えるかによって出現率は変わると考えられます。

> **ポイント**
> - 作文困難は文章の構成に困難がある。
> - 作文困難は書くことの困難と区別されるが書きの困難は作文困難に影響する。

5-2 作文困難がなぜ生じるか①
書きとプランニングの弱さ

作文に必要な認知処理

作文には非常に複雑なプロセスが関わっています。下図は作文に関わる認知処理等について**支援に役立つ図式**として要約したものです（図は作文に関わる処理を子どもがよく示す困難から書き出しているもので、Hayes（2012）のモデルを参考にして作成しましたが、理論的に厳密なものではなく、また図中の順番や枠の面積が作文における重要度を表しているものではありません）。本節と次節ではこの図式に沿って作文の困難を考えていきます。

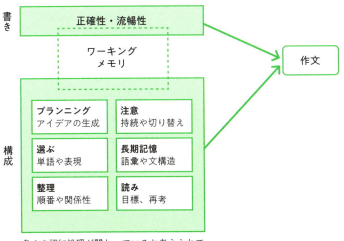

多くの認知処理が関わっていると考えられています。

作文困難の子どもが示す認知特性：書き障害と構成の困難

　作文には書きの力が大きく関わっています。書き障害があると作文の内容を考えることができても作文の最初の段階でできなくなります（第3章参照）。また、読みと同様に書きも「書けた、書けなかった」といった「正確性」の側面に注意が集まりがちです。しかし、書きに困難がある子どもは字を思い出すのに時間がかかることがしばしばです。

　すると書くのに時間がかかるため注意力が持続しなかったり、書くことに注意が向いている間に何を書こうとしていたか忘れたり、何を書いたら良いかプランニングすることに力を使えなかったりします。字の書きの流暢性は作文の量や質に影響することが知られており（Graham et al., 1997）、作文の支援の際は書きの「流暢性」への視点が必要です。

　作文では文章のアイデアを生成（generation）し組み立てるという構成（composition）の側面があります。例えば書き障害のある子どもで独力では作文が難しい子どももコンピュータの音声入力であれば作文ができる、つまり構成はできる場合があります。逆に書きは正確かつ流暢にできるが、書くテーマや内容をいくら考えても思いつかなかったり、書いたことを修正できなかったり、適切な単語・文構造を選べなかったり、注意力が続かなかったり、ゴールを忘れてしまったりする子どももいます。

　このようなことから支援上、書きと構成とは作文の異なる要素として考えていく必要があります。書きについては第3章を参照してください。また書きの流暢性が十分でない場合は漢字を使わなくてもよい、コンピュータやタブレットの音声入力を使ってもよいなど

の合理的配慮を行います。

作文困難の子どもが示す認知特性：プランニングなどの弱さ

　ここからは構成について考えていきます。作文では小学生では書く内容の選定が難しく（平山・福沢、1996）、作文が困難な子どもでは書き出しから悩み、悩んでも書けない子どもがよく見られます。目標に合った内容をどうやって書くか**プランニング**したり、**アイデアを生成**したりすることが難しいのです。何を書くのか思い出せない子ども、何を書くかは思い浮かんでいても適切な言葉を思い出せない子どももいます。プランニングした内容を忘れてしまったり、思いついたアイデアや言葉を忘れてしまったりもします。

　また、単語や文、表現のやり方を**選ぶ**ことが難しい子どももいます。テーマに合ったことや重要なことを選べず考えたことを全部書こうとして困る子ども、「表現が子どもっぽいんじゃないか」と悩んで書けない高校生もいます。選ぶためには複数の情報を同時にワーキングメモリ上に保持し、さまざまな条件を比較する処理が必要です。

　書く材料はあっても**整理**し組織化できない子どももいます。説明文なのか、手紙なのか、読み手が分かりやすいのはどんな順番なのかを考えながら文を配列し関連付ける必要があります。これが難しく、ひたすら時系列で物事を書いていったり、いつも決まったパターンで文を書いたりする子どもがいます。情報を整理し組織化して配列するためには、何のために作文を書くのかの目標に合わせて、読み手の立場に立って情報を配列する必要があります。

体験してみましょう

字を流暢に書けないと作文が難しい
字を上下逆さまに書きながら日記を書いてみましょう。

解説
　字を上下逆さまに書くと字を流暢に書くことが難しくなります。1字1字を書くことが難しければたくさん書くことが難しいだけでなく、字を書くことそのものに注意を向けざるを得ず、何を書くかプランニングすることが難しかったり、内容に注意を向ける余裕がなかったりします。

アイデアを生成することが難しい
1分間でできるだけたくさんの動物の名前を言ってみましょう。

解説
　動物の名前をたくさん思い出そうとすると最初は多くの名前を思い出せますが時間が経つとだんだんとペースが落ちてきます。最後には思い出そうと思っても名前が出なくなってくるかもしれません。しかし、これは言葉を全部出しつくしたわけではありません。「大型のネコの仲間は？」とヒントを出すと「ヒョウ、チーター……」などと思い出すことができます。また、「花の名前を言ってみましょう」と題を変えるとまた良いペースで思い出していくことができます。たくさん言葉を思い出せる人は頭の中でうまくカテゴリを切り替えているのかもしれません。
　作文に困難がある子どもでは何を書こうか、いくら考えてもアイ

デアが出ないことがあります。時間をかけて言葉を出しても量がそれに比例しないのです。こうしたときも考えを切り替えていくと新しいアイデアが出る可能性があります。

> **ポイント**
> ● 作文には多くの認知処理が関わる。
> ● 作文に関わる認知処理は書きと構成に分けられる。
> ● 構成にはプランニングや注意などさまざまな処理が含まれる。

5-3 作文困難がなぜ生じるか②
注意と長期記憶の弱さ

 作文困難の子どもが示す認知特性：注意の弱さ

　作文をするときは注意を持続していく必要があります。作文には一定の時間がかかります。その間、プランニングして書き、再考し改訂するとき、注意を払い続けなければなりません。ADHDがあり注意が続かない子どもの中には短い文をいくつか連ねて「できた」と宣言し、修正をしようと言ってももう別のことをやりたがることがあります。量や質が不十分になってしまいます。

　また、注意の**切り替え**も必要です。書いたことを別の観点から見直したり、今ある表現とは別の表現を考えたりするときなどにこうした働きが必要です。切り替えが苦手な子どもでは、いったん書いたことを見直したり修正したりするように言われると、とても苦しそうな表情をすることがあります。

　このような注意の働きは**実行機能**と呼ばれる認知処理の働きと関連深いものです。作文に関連する認知処理のモデルでは実行機能を位置づけているものがあります（e.g., Berninger & Winn, 2006）。

 作文困難の子どもが示す認知特性：長期記憶の弱さ

　語彙が少ない子どもでは作文の表現が乏しくなりがちです。思い出せる言葉が少ないので文字量も少なくなります。また、読みや作

文経験が少なく物語や説明文などにあまり触れていない子どもは**文の種類**や**文型の知識**も少なく、「はじめ・なか・おわり」や「序論・本論・結論」などの枠組みを活かしにくいことがよくあります。作文の困難さは同じ年齢の子どもに比べて作文の経験を減らしてしまうため、困難のない子どもが経験を積み作文の力を伸ばしていくのに対して差が広がってしまいます。

　作文の支援の際はこうした長期記憶に関する観点はとても大切です。語彙や文型に関する知識があり、作文の経験、社会的な経験を多く積んでいればこれらの知識を活かした作文ができます。
　作文に関連する認知処理のモデルでは長期記憶を位置づけているものがあります（e.g., Hayes, 2012）。

 作文困難の子どもが示す認知特性：読みの困難

　読みに困難がある子どもは書きが困難だったり、書きの速さが遅かったりするため作文に困難が生じがちです（P.136参照）。それだけではなく作文を書くにあたって、どんな作文を書くのか、どのくらいの字数で書くのかといったテーマや条件が示されます。

　読みが困難な子どもでは十分にこれらを読めなかったり、ワーキングメモリに弱さがあって書いているうちにテーマや条件を忘れてしまったりします。読者が誰で何のために書くのかといった**目標**を持つために読めることは重要なのです。また、作文では自分の書いた文を読み直し**再考**し**改訂**する必要があります。読みに困難がある子どもはこれらのことが難しくなります。
　作文に関連する認知処理のモデルでは読みの力を位置づけているものがあります（e.g., Hayes, 2012）。

作文困難の子どもが示す認知特性：上記以外の要因について

作文は広範な認知処理が必要なため作文に関連する認知処理のモデルでは上記以外にも多くの処理の必要性が考えられています。

例えば**動機づけ**（e.g., Hayes, 2012）です。子どもが書く作文は日記にしろ、読書感想文にしろ、テーマを外部から与えられることが多く、子ども自身に書く必然性がない場合も少なくありません。

読者（e.g., Sedita, 2022）**を意識**することも作文では重要ですが、作文に困難がある子どもは読者を想定していないことがあります。もっとも読書感想文のように、そもそも子どもにとって読者が不明確な場合もあります。作文ではアイデアを考えたり言語化したり文字化したりする中で常に**評価**（e.g., Hayes, 2012）を行います。作文が困難な子どもでは書くことに精一杯で書いたことを評価できていない場合がよくあります。

こうしたさまざまな点で作文に困難のある子どもは認知処理に弱さがあることがあるのです。

体験してみましょう

文の種類や文型について知らないと作文が難しい

科学的論文では「目的、方法、結果、考察」の項目立てをして文章を書いていきます。味噌汁を作るときの味噌の量を変化させて味を調べた実験をしたとして、この項目立てに沿って文章を書いてみましょう。

解説

「物語」を書きましょうと言われれば、私達はそのような雰囲気の

文章を書くことができます。長期記憶にたくさんのストックがあるからです。「結婚式のあいさつ」はストックが少ないためそれよりも難しいかもしれません。

科学的論文の項目は多くの人には馴染みがなく、どうやって書いて良いのか分からないでしょう。

作文に困難がある子どもは普通は知っているような文の種類や文型に馴染みがなかったり、それらの知識を生かすことが難しかったりするためやり方を明示的に（explicit）に教える必要があります。

字を流暢に読めないと作文が難しい

ローマ字で作文を書いて推敲してみましょう。

または「あ→①」「い→②」のようにひらがなを数字に変換して作文を書いてみましょう。

解説

ローマ字で書かれた文は流暢には読めません。ひらがなを数字に置き換えると書いたことはほとんど読めないでしょう。すると自分が書いたはずの文章なのに再考や改訂など推敲することが難しくなるのが分かります。

仮に口頭筆記や音声の自動入力で作文したとしても、読み障害がある子どもでは文章を読んでの再考や改訂に難しさが生じる可能性があることを考慮する必要があります。

ポイント

- 作文には注意や長期記憶、読みの力も関わる。
- 作文には実行機能、動機づけも関わる。
- さまざまな観点から子どもの困難を支援する必要がある。

5-4 作文困難のある子どもへの支援策

作文の学習

学習の難しさ

　作文は非常に幅の広い学習です。文や文章を与えられた条件に沿って構成していきますが、1つの形に収束するよりも人それぞれの多様な形に拡散します。日記や国語の問題における設問への解答や文章の要約も作文と言えますし、読書感想文、職場体験の感想、小論文など多岐に亘ります。

　字を1段下げて書き始めるなど明示しやすいルールは明確に示されますが、どうすれば「良い作文」が書けるのかは説明しづらく、必ずしもやり方が明示されていない部分も少なくありません。作文は誰にとっても難しさがあると言えます。

　作文では書きの困難がなくても書くことそのものの負担が重く、小学生の間はワーキングメモリの働きを書くことに費やすことになります（Graham et al., 1997）。作文には以下のような20年程度かかる3段階の熟達があるとされます（Kellogg, 2008）。

① 知識をそのまま出す（Knowledge-Telling）段階
　何を書くか書きたいことを書いているかに意識が向き、読み手やどうやって書くかは意識されていません。ワーキングメモリは書き手の書こうとすることが多く占められます。

②知識を変換する（Knowledge-Transforming）段階

書かれたものを読み返したり内容を再構成したり表現を再考したりします。ワーキングメモリは書き手の書こうとすることと文章とが相互作用します。

③知識を練り上げる（Knowledge-Crafting）段階

読み手やその反応を想定し文章を修正します。ワーキングメモリでは書き手の書こうとすること、読み手の反応、文章とが相互作用します。

　小学生では知識をそのまま出す段階にあるとされます（Kellogg, 2008）が、文化による違いもあります（森田, 2019）。

　作文に困難のある子どもは、そもそも字を書くことが難しかったり、字を書けても文を書き出せなかったりして、まず作文の量が不十分になりがちです。繰り返し書いても質的な変化がなく同じパターンの作文を書いたりします。

⊙ どのように支援するか

　作文に困難のある子どもの認知特性に応じて、大きく次の3つの支援方策が検討の対象となるでしょう。

　第1に**読み書き能力（リテラシー）**の向上です（第2章、第3章参照）。読み書きが困難な子どもには読み書きの正確性と流暢性の支援を行います。第2に**知識をそのまま出す段階**の学習です。第3は**知識を変換する段階の学習**です。

　作文に困難がある子どもは、第1（第2章、第3章）と第2の学習の必要性が高いことが多いと思われますので、第2の**知識をそのまま出す段階の学習**を中心に解説します。

　具体的には以下のような支援策を紹介します。詳細は河村（2019）

を参照してください。

①絵を見て文を書く
②作文の材料を集める
③材料を整理し、情報を増やす
④その他の作文学習支援

> **コラム**
>
> ### AI の活用は作文の困難を救うか？
>
> 作文は大人になってから必要性が増していく重要な技能です。作文に困難のあった人が入学試験での志望理由書や就職のためのエントリーシートの書き方に困ることがあります。また、日誌を書いたり、報告書を書いたり、手紙を書いたりするときにどのように書いてよいのか分からないこともあります。一方で、手紙は困るが報告書など定型のある文書ではそれほど困らないという人もいます。
>
> 近年では AI による文章の生成が誰でも行えるようになりました。コンピュータに文章を代筆してもらうということではなく、コンピュータでひな型を作成し、それを参考にしてアレンジするような活動は、作文の形式の知識が乏しい人にとっては重要な支援になっていくでしょう。その際も見本となる文章の何が適切で、なぜアレンジするのかを支援者とともに学習していくことが大切です。

> 支援策 1　絵を見て文を書く

　作文では情景や状況を文にしていきます。作文に困難のある子どもは、見えている自明のものをこれ以上説明する必要や、やり方がないと感じているようです。ワーキングメモリの視空間領域にイメージは浮かんでいるのですが、焦点を絞ることができていなかったり、言語領域の情報と結びつけられていなかったりするのです。

◉ 情景のある部分に注意を向け、それを文にしていくプリントの利用

　下図では情景のある部分に注意を向け、それを文にしていくプリントを示しています。個別の支援では支援者と子どもがじゃんけん

をして交代で取り組むことができます。支援者は絵に丸をして、それを文にする様子をモデルとして子どもに示します。

単語で表現できるものを詳しく説明する作文の例

次に、雑多な情報がある中である部分に注意を向けると作文にしやすくなる経験づくりと、助詞の使い方の学習を行ってみます。単に文例を見てそれを写す学習と比較すると、これには注意の焦点化や情報の選択、字や単語の想起など作文に必要な基礎的な学習が含まれています。

下図ではいつも見ていて単語で表現できるものを詳しく説明する作文の例です。「宇宙人に説明する」という状況を設定することで、物の名前で表現する以上に対象を詳しく説明する動機を高めます。

また、観察の視点に基づいて注意を切り替えながら対象を分析し、文に表す練習をします。

◉ 4コママンガを文で表すプリントの利用

こうした絵や対象を文にする練習を行ったら、下図のように4コママンガを文で表すプリントに移行することもできます。絵と絵をつないでいく練習をすることで複数のエピソードをつないだ文を書く基礎とします。ヒントとなる言葉をつけるなど、さまざまなバリエーションが考えられますが、下図に示したのは3コマ目までを1つに要約して書くものです。

> 支援策 2
作文の材料を集める

　作文困難がある子どもではテーマを見ると材料集めをせずにすぐに書き始めようとすることがあります。作文に書く内容を思い浮かべることだけでワーキングメモリが占められてしまい、何をどのように書くかプランニングをすることや思い浮かべる余地は残っていないかのようです。

　作文では「海」「夢」など書き手にプランニングの多くが委ねられているテーマが出ることもあります。このようなテーマで思いつくままに作文をするとすぐに行き詰まってしまいます。作文は書く材料を思い浮かべること、プランニング、書くこと、読者を意識す

●概念地図（マップ）の例

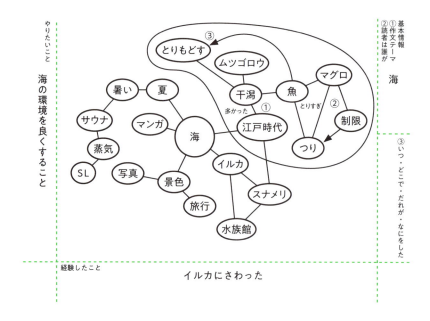

ること、読んで修正することをワーキングメモリ上で同時に行うマルチタスクになっているのです。

　そこで材料集めに注意を集中させる練習をします。前ページの図は概念地図やマップと呼ばれるやり方で作文の材料を集めるプリントです。

　右上の基本情報にはテーマや想定される読者を書き、プランニングを方向づけます。必要に応じて欄の端の「いつ、どこで……」や「経験したこと」「やりたいこと」などを書き込み、材料集めの方向づけをしたり、範囲を狭めたり（広げたり）します。中心にテーマを書き、**支援者と子どもで交互**に連想する単語を書き出します。関連すると思う単語を線でつないでいきます。すると自然に作文にできそうなテーマが表れてくるので、大切なのは何を思い出しても構わないという無批判な態度です。

　作文に困難がある子どもは、作文が稚拙なことをからかわれたり指摘されたりした経験から単語を思いついても「書くべきではないのではないか」と思っている場合があります。アイデアを出すときはそれに集中することを認識して取り組めるようにします。

　概念地図は時間がかかりますが、考えたアイデアが消えずに残っていること、それをもとに次のアイデアを考えられることというメリットがあります。

　なお、左ページの図では概念地図を例として挙げましたが、アイデアを**付箋**に書いていくと、それらの距離を近づけたり、後で書く順番に整理して貼り直したりすることもできます。子どもの特性や年齢、取り組む課題に応じて使い分けるとよいでしょう。

> **支援策 3**　材料を整理し、情報を増やす

　材料を集めたら次は整理をして、情報を増やしていきます。作文をしているとき私達は思い浮かべたことを文章に表したり、その情報を増やしたりするうちに、別のアイデアが思い浮かんだり、作文としての全体像が見えてきたりします。

　しかし、ワーキングメモリに弱さのある子どもは、それらをマルチタスクとして同時進行することが難しいようです。材料を集める段階は集めることに、整理する段階では整理に、情報を増やす段階では増やすことに集中するようにして、それぞれの段階でのワーキングメモリにおける処理をシングルタスク化していきましょう。

　材料の整理は例えば次ページの図のように行っていきます。

❶次ページの図の材料を見て作文に書けそうだと感じる部分を線で囲みます。これはワーキングメモリ上のたくさんの情報の中から重要な情報に注意を焦点化することと似ています。図では魚を中心として作文に書けそうな部分がありました。

❷どの順番で書くか番号をつけていきます。そして番号順に表へ書き出していきます。

❸言葉を書いたらそれを文にします。文を書いたら今度は文を2倍に増やしていきます。文章として認識しやすくするために左側の言葉の部分は折って隠してしまいます。文を2倍にするプロセスを最後に接続することで100字しか書けない子どもも200字の作文を仕上げることができます。文を書きながら文を増やすことが難しい子どもでも、文を書き出した後に、改めて文を増やすことはやりやすいことがあります。

このような情報の選択、順序付けを一度にやることはマルチタスクでワーキングメモリに弱さのある子どもでは負担が大きなものです。普段、作文を書くときには意識しませんが、子どもの作文の手が止ったら、いくつかの処理がマルチタスクになって処理できない可能性を考えましょう。ここではプリントの形で示しましたが、支援者や本人がコンピュータで打ちながら同様のプロセスを行ってもよいでしょう。

	ことば	文
①	江戸時代	
②	マグロ取りすぎ	
③	とりもどす	

↓

	ことば	文
①	江戸時代	江戸時代は魚が多かった。
②	マグロ取りすぎ	マグロをとりすぎて数が減った。
③	とりもどす	魚の数を取り戻さないといけない。

↓

文
江戸時代は魚が多かった。
干潟にムツゴロウがたくさんいた。
マグロをとりすぎて数が減った。
マグロをとる数を制限するようになった。
魚の数を取り戻さないといけない。
豊かな海を取り戻さないといけない。

支援策 4　その他の作文学習支援

　ここまでは文字から文へ、アイデアを出して、整理し、順序付けることまで述べました。作文の困難がある子どもは、そもそも文を書き出せない、書いても字数が十分ではないため、いかに自分の書きたいことを字数多く書くかを目指したものです。

　しかし、作文の力はKellogg（2008）が述べるように長い時間をかけて発達していくものです。やがてより高度に文の構成を考えながら作文をする必要が出てきます。これも文の構成を意識しながら文を書くというマルチタスクになっておりワーキングメモリに弱さのある子どもでは困難が伴います。そのためワーキングメモリの視空間領域の強さを活かせるようなグラフィックオーガナイザーによる支援による支援方法もあります（Sedita, 2023）。

　グラフィックオーガナイザーはアイデアや概念の関係を視覚的に示すものです。「はじめ・なか・おわり」の図式もその一種で、原因と結果を表す図式やツリーチャートなど、さまざまなものがあります。

> **ポイント**
> - 作文の発達は長期間に亘る。
> - 作文の際のマルチタスクに配慮しながら支援を行う。
> - より高度な作文ではグラフィックオーガナイザーを使う。

第 6 章

計算障害の
原因と
支援のしかた

6-0 計算障害のイントロダクション

計算障害とは

計算に困難がある子どもを指します。読み書きの困難もある子どももいますし、字は読める、読解はできるが、計算ができない子どももいます。

さまざまな計算障害の例

計算が困難になるプロセスは多様です。数の分解の苦手さ、計算の遅さは重要な観察の視点になります。

のりかさん
- 診断前【就学前】: 大きな数まで唱えられない
- 診断時期【就学後】: 数の分解が難しい、計算が遅い、九九が覚えられない

ゆうたさん
- 診断前【就学後】: 数の学習がピンとこない様子
- 診断時期【小学校中学年】: 指を使わないと計算できない、計算が遅い（足し算より先に九九を暗記）

みさきさん
- 診断前【小学校】: 国語はできるが算数が困難
- 診断時期【中学生】: 分数の計算が困難、割合の意味が分からない、数学全般が困難

計算障害の原因

- **数量処理の弱さ**
  数とその量との関係をうまく処理できず、概念を理解しにくい
- **ワーキングメモリの弱さ**
  情報を覚えにくく暗算や概念を理解しにくい

※計算が困難でも文章題の意味は理解できる子どももいる。

> 数量処理の弱さや計算障害があると、算数の他の学習に大きな影響がある

> **個別支援**

● **数量処理を支える学習**

　その子どもに理解しやすい数を使って、数に親しみ、数の学習から離れないようにします。また数と量の関係の学習を支えます。

● **序数性を利用した学習**

　数に対する量を認識しにくく計算の学習が進まない場合は、数を順番でとらえる序数性を生かして学習します。

● **シンボルを利用した学習**

　数に対する量を認識しにくく、位取りのような数の仕組みや計算の意味を理解しにくいときは数をシンボルでひとかたまりに表し（例えば5円玉、1000円札、5000など）、シンボルを操作することで数の意味を理解する学習をします。

> **支援上のキーポイント**

　計算の困難はさまざまな学習につながりがちなので、予測して支援します。

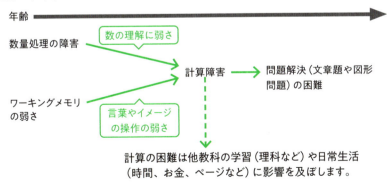

6-1 計算障害がある子ども

 計算障害のある子どものケース

　計算する能力には、さまざまな要素が含まれます。計数（数を数える）、数的事実（6+3などの計算結果を覚えているなど）、計算の手続き（繰り上がりや筆算などの手順）、計算の原理の理解・使用（Dowker, 2023）などです。こうした計算の背景には数とそれが表す量とを処理する能力やワーキングメモリなどの働きが関わっていると考えられています。

 数の量の感覚が分かりにくく計算に困難がある ゆういちさん

　ゆういちさんは小さな頃からおしゃべりが得意で、人の気持ちをくみ取ってコミュニケーションすることが上手です。「いち、にい、さん……」のような数も覚えていますが、数の大きさの理解が曖昧なようで、例えば数と数のどちらが大きいかを判断することがうまくできないようでした。

　小学校に入ってから計算が著しく遅く、簡単な計算にも時間がかかっていて間違いもよく見られました。小学校中学年になっても簡単な計算で指を使わなければならず、指を使わないときも頭の中で数を操作して計算をしているため、他の子どもに比べて計

算にとても時間がかかります。

事例② ワーキングメモリに弱さがあり計算に困難がある みなとさん

みなとさんは年齢が低い頃からあまりおしゃべりをする方ではありませんでした。「いち、にい、さん……」のような数を10まで覚えたり30まで覚えたりできるようになった年齢も遅く、また数え飛ばしてしまうこともよくありました。絵は上手で日常のエピソードもよく覚えていましたが、読むことには困難があるようでした。

小学校に入ってからはブロックを使った計算の意味はよく理解できているのですが計算が著しく遅く苦心しているようでした。1桁同士の簡単な計算も答えを覚えることができず、指を使って計算していました。なぜか3+3のように2つの数が同じ計算は覚えやすいようでした。また、計算の手続きを覚えにくく、8+4を10にまとめて計算する手順を覚えることが難しく、よく間違えていました。九九も覚えるのに時間がかかり覚えてからも「3×3=9、3×2=6……」のように下から思い出していました。筆算では一つひとつの計算に時間がかかるので、計算ミスもよく起こり、問題の意味は分かっても計算結果が正しくないことがよくありました。

事例③ 視空間認知に弱さがあり計算に困難がある みくさん

みくさんは言葉の力は強く、幼い頃から周りの状況をよく理解できていたので、例えば保護者が見ていない出来事について分かりやすく話すことができました。ただパズルのような図形を扱う

課題には手をつけず絵を描くことも苦手でした。物をしまう場所を覚えられず、字を思い出して書くこともやや苦手でした。言葉では「いち、にぃ、さん……」と大きな数まで数唱できるのですが、物の数を数えるときに数え飛ばしてしまったり、間違わないよう左端から順序よく数えるようなやり方をとれなかったりしていました。

そのためブロックを操作して計算の概念を理解することも苦手でした。数を分解することや、繰り上がりのある計算をブロックの操作で理解することも難しく、1桁同士の計算にも時間がかかっていました。

こうした計算の障害がある子どもは、読み書きに困難はないのに計算が著しく困難で、簡単な計算でも答えを正しく出せなかったり、ゆっくりとしか答えを出せなかったりします。それらの子どもは、計算が苦手な子ども、算数を嫌がる子ども、やる気がないのでいつまでも指を使っている子どもなどと認識されがちで、正しい状況が理解されないことがよくあります。

計算の障害がある子どもは読み書き障害が併存することもよくあります。反対に、読み書き障害があっても計算には困難がない子どももいます。さらに、読めないあるいは書けないという範囲を超えて、計算の困難が著しい子どももいます。

 ### 計算障害のある子どもや大人

計算の困難は周囲に気づかれている子どももいれば、気づかれていない子どももいます。計算が正確にできるかどうかだけでなく、

計算が速くできているかどうか（**計算の流暢性**）を知る必要があります。計算が遅い子どもは注意して観察する必要があって、どんな計算をするのか聞き取ることが大切です。6+3の計算で、より簡単な5+3をいったん計算し、そこに1を足している子どももいました。これは聞き取らなくては分かりません。

有名な計算障害の当事者としてはバターワース（1999）が紹介した成人がいます。心理カウンセラーとして働いていますが1桁の足し算にも指を使います。そして買い物では手持ちのお金で足りるのかお釣りの計算ができません。ギフテッドクラスの候補者でもあったアビール（2004）は計算が困難でお金の計算、時間や距離の計算ができませんでした。計算のみに著しい困難がある子どもや大人は実在し、それと分からないように工夫して暮らしている人も多いのです。

 計算障害の定義

読み障害に比べると計算障害の研究は20年遅れている（Wilson & Dehaene, 2007）と言われてきましたが、急激に研究が拡大し多くのことが明らかになっています。

医学分野ではDSM-5-TRで**限局性学習症**（Specific Learning Disorders：SLD）の定義において学習領域、下位技能について次のように表されています。

> 数字の概念、数値、または計算を習得することの困難さ（例：数字、その大小、および関係の理解に乏しい、1桁の足し算を行うのに同級生がやるように数学的事実を思い浮かべるのでは

なく指を折って数える、算術計算の途中で迷ってしまい方法を変更するかもしれない)

 計算障害の出現率

　研究によって幅はありますが、おおむね5％程度の出現率があると考えられています (e.g., Butterworth, 2019)。また、算数障害のある子どもの半分程度は読み書き障害が併存していると考えられています (e.g., Lewis, et al., 1994; Wilson et al., 2015)。

　中国語や日本語が15を「じゅうご」と位の順番に呼ぶのに対して英語では「fif-teen（5と10)」のように逆に呼ぶなど、単純な比較が難しいこと、数を表す言葉の長さが英語に比べると短い（例「ご」と「five」）こと、英語では pens のような複数形があることが数の認識に正の影響を与える可能性があることなど、文化の影響がある可能性もあります。

> **ポイント**
> - 読み書きに困難はないが計算のみに障害がある子どもがいる。
> - 計算障害のある子どもや大人は日常生活でも困難が生じる。
> - 計算障害は20人に1人程度いると考えられている。

6-2 計算障害がなぜ生じるか①
数量処理の弱さ

 計算に必要な認知処理

計算の背景にはさまざまな認知処理が関わっていると考えられます。下図に示すのは計算に関わる認知処理について、**支援に役立つ図式**として要約したものです。本節と次節ではこの図式に沿って読解の困難を考えていきます。

 計算障害の子どもが示す認知特性：数量処理の弱さ

計算障害の原因は何でしょうか。知的発達に遅れがない子どもでも計算だけが難しいのはなぜなのでしょうか。

計算障害のある子どもは、数量処理に弱さがあると考えられています。計算に困難があるのだから数に関わる処理に弱さがあるのは当たり前とも思えますが、数量処理とは何でしょうか。

右図のようなドットを瞬間的に見せられていくつあるか尋ねられると私達は瞬時に3と答えることができます。

しかし、数の多いドットの場合はもっと

時間がかかります。3個ないしは4個までのドットはほとんど変わらない速さで正確に数が分かります（サビタイジング範囲と呼ばれます）が、それ以降は数えないと数が分からず、ドットの数が増えた分、答えるまでの時間がかかります。サイコロのように規則的に並んだドットは学習がなされたことで「⚄→5」のように瞬時に分かりますが、ランダムに並んでいるとやはり数えなければ分からないのです。

　幼児期に2個までしかサビタイジングできなかった子どもと3や4までのサビタイジングができていた子どもでは（後々に大人と同様のサビタイジング範囲になりますが）計算テストで差が出るとする研究があります（Reeve et al., 2012）。

数比較課題ではコンピュータの画面に左図のようなさまざまな組み合わせの2つの数字が表示され、被験者は大きな数の数字をタッチします。興味深いことに9と2のように数に距離がある方が9と8のように距離が短いものより速く反応できます。まるで9と8が表す量は似通っているために区別しづらく、9と2では量が明らかに異なるため区別しやすいかのようです。

　つまり、数を見ただけで私達は量にアクセスしているのです。計算障害のある人は、この課題に答える速さが計算に困難がない人に比べると遅いことが知られています（Schwenk et al., 2017）。数の大小が瞬時に判断できないのです。

　ナンバーライン（数直線）課題は紙に線が引かれています（次ページ図参照）。左端に0、右端に10があり、上に書かれた数字を見てその位置を鉛筆で書き込みます。右端が100、1000のものもあり

ます。正確に線を引けるか、速く引けるかなどが得点となり、この得点が計算のテストとも関連するとされます（Schneider et al., 2018）。

計算に困難がある子どもは10のナンバーラインでも誤答することがあります。子どもによっては数が100や1000などに大きくなると弱さが明らかになることもあります。

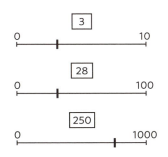

このような数と量とが関連する処理をここでは数量処理（e.g., 湯澤・湯澤 , 2011）と呼びます。なお一般的には研究領域や研究者によって数感覚、数覚、ナンバーセンス、ニューメロシティ（neuromesity）などと呼ばれますが、本書では読み障害における音韻処理と対比するため数量処理の用語を用います。

なぜ数量処理に弱さがあると計算に困難が生じるのでしょうか。計算には多様な認知処理が関わる（DeSmed & Vogel, 2021）ため、数量処理以外の脳の働きも計算には影響を与えます。しかし、数量処理に弱さがあると、（前述の課題で示したように）7と3の大きさの相対的な関係性が分かりにくいので、7を4と3に分解する学習に難しさが生じると予想できます。これは後述の「体験してみましょう」を実際に試してみてください。

数量処理とさまざまな学習

数量処理は計算だけに関わっているわけではありません。時間や面積、角度のことを想像してみましょう。いずれも数（5分間、12cm2、40度）に対して量が伴っているのが分かります。計算に困

難がある子どもが計算だけでなく算数や日常生活のさまざまな場面で困難を示すのはそのためなのでしょう。

体験してみましょう

数量処理の弱さの体験

「1、2、3」という数を使わず、代わりに「い、ろ、は……」を使います（1＝い、2＝ろ……です）。
「いろは……」を使って「に＋ほ」を、年齢の低い子どもが計算するときのように指を使って計算しましょう。答えも「いろは……」を使います。数に変換したり、メモを使ったりしてはいけません。

解説

年齢の低い子どもは指を使って計算していますが、やがて計算が自動化し指を使わなくても答えを思い出せるようになります。4+3と聞けば7、8+5=13といった具合です。このような数と数の関係性は**数的事実**（math fact）と呼ばれ、数的事実を思い出すことを数的**事実の検索**（fact retrieval）と言うこともあります。

計算が困難な子どもでは年齢が上がっても指を使い続けることがあります。そうした子どもでは「1、2、3……」がまるで「い、ろ、は……」のように「いち、にい、さん……」という音の順番情報として扱われていると推測できます。「4」には「●●●●」という量を私達は感じられますが「に」には感じません。数量処理が弱いとは、このように数に対する量の感覚の弱さがあると思われます。そのためなかなか計算が自動化されず指を使い続けることになるのです。

> **暗記する体験**
> ①「いろは……」を使った計算を暗記します。
>   「ろ＋は＝ほ」「は＋ほ＝ち」「へ＋ろ＝ち」
>   紙に式を書いて答えが思い出せるかテストしてみましょう
>   （式の順番を変えると難易度が上がります）。
> ②1日経ってからテストをするとどうでしょうか。

解説

「ろ＋は＝ほ」というたった1つの答えを暗記するならできるかもしれません。しかし、「いろは……」の組み合わせではたった3つでも覚えることが難しいことが分かります。

　数量処理に弱さがある子どもがもし「6+2=8」を「へ＋ろ＝ち」のように理解しているのであれば、簡単な計算でも覚えられないのは無理もありません。

> **ポイント**
> ● 数と量の関係性についての処理を数量処理と呼ぶ。
> ● 数量処理の弱さは計算の困難につながる可能性がある。
> ● 数を「いろは……」に置き換えると困難の理由が分かりやすい。

6-3 計算障害がなぜ生じるか② ワーキングメモリなどの弱さ

 計算障害の子どもが示す認知特性：ワーキングメモリなどの弱さ

計算にはさまざまな処理が関わっていると考えられています。例えばワーキングメモリや実行機能などの関わりが知られています。

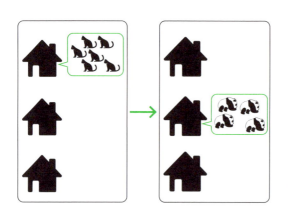

左図のような課題を想像してみてください。1つ目の家にネコがいて何匹いるか数えます。一目でわかったとしても必ず「1, 2, 3……」とカウンティングします。数え終わったらネコの絵は消えて、2つ目の家にパンダの絵が示されるので数えます。数え終わったらパンダの絵は消えて、3つ目の家には馬の絵が示されます。馬を数え終わったら絵が消えます。そしてネコとパンダと馬がそれぞれ何匹ずついたのか順番に思い出すのです。

この課題で正答できるためには数えながら数を覚えておく、情報の処理と保持を同時に行う働きが必要です。このような一時的に情報を覚えておくのがワーキングメモリです（P.50参照）。

ワーキングメモリに弱さがあると数え上げる際に困ります。例えば右図のように、「たぬき」と「犬」のどちらの数が多いかを数えるときは、たぬきの数

を数え終わったらその結果を覚えておきながら犬の数を数えます。

ワーキングメモリに弱さがあると計算を行う際に困ります。例えば18+27= を計算するとき一の位を計算し繰り上がり十の位を計算するとき、繰り上がりや一の位の情報を覚えておきながら計算しなければなりません。

ワーキングメモリには言語領域と視空間領域があります（湯澤・湯澤, 2017）。右図のような情報を覚えるように言われたらどうでしょうか。言語領域の情報は言葉で覚えますし、言語に変換ができないような視空間領域の情報は見たままのイメージで覚えようとするでしょう。言語領域は強いが視空間領域が弱い子どもやその逆の子どもがおり、算数障害のある子どもでは視空間領域の弱さが指摘されることもあります。

計算の学習は最初、ブロックを操作するなど視空間的に計算のやり方を学びます。次第に答えが自動的に出るようになり、言語的な働きが重要になると考えられます。

ただし、計算では新しい学習が次々に始まります。かけ算の概念

は面積のように図示されることがありますが、これは視空間的な情報であり、「ししじゅうろく」のような九九は言語的な情報と言えます。視空間領域の働きは計算以外の算数の学習でも必要ですし、計算の学習においても引き続き必要なものでしょう（e.g.,Zhang et al., 2023)。

 計算障害の子どもが示す認知特性：実行機能や注意の弱さ

　実行機能とは、ある目的を目指したコントロールの働きについて広くまとめる用語です（齊藤，三宅，2014)。例えば私達の周りには多くの情報が存在していますが、目的に応じてある情報に注意を焦点化し、それ以外の情報は反応しないよう抑え込むことができます。

　ADHDのある子どもの中にはそれができず、授業中に廊下の音に反応したり、頭の中の別の情報に反応してぼんやりしたりすることがあります。これでは授業の内容をうまく理解することができません。実際、教師が子どもの注意力について評定した結果、低い得点の子どもは算数の得点が低いとする研究もあります（Fuchs et al., 2005)。

　例えば、計算の中ではわり算の筆算は混乱しがちです。たくさんの情報が書かれていてどの数に注目すれば良いのか分からなくなります。ある中学生は（+2)‐(+1) は計算できましたが、数がたった1つ増え、（+2)‐(+1) + (5) となっただけで混乱して計算できなくなりました。このように必要な情報にだけ注意を向けることは困難がある子どもにとって難しいことなのです。

　実行機能はこれ以外にもさまざまな働きがあります。注意を切り替えていくこともその1つです。足し算と引き算が混ざったプリン

トで引き算と気づかず足し算で解き続けてしまう子ども、かけ算の筆算からわり算の筆算に学習が移ると、わり算の筆算が引き算をするため、かけ算の筆算まで引き算で計算してしまう子どもはよく見られます。

実行機能は計算だけでなく算数のさまざまな場面で働きます。

体験してみましょう

ワーキングメモリの弱さの体験

メモ無しで674＋459を暗算で計算してみましょう（そろばん経験者はワーキングメモリを補うことができます）。

メモなしでお米を1合のカップで10合計りましょう。

解説

難しい暗算をするとさっき計算した下の位の数を忘れてしまいます。計算には一時的な記憶の働きが必要なことが分かります。ワーキングメモリが弱い子どもにとっては年齢相応の計算がこのように難しく感じているかもしれません。

お米を10合、計ろうとすると途中で「今、5だっけ、6だっけ」とならないでしょうか。お米をボールに入れて米袋にカップを戻すまでに時間がかかるため、その間、今何合まで数えたかを覚えておく必要があるためです。

切り替えることの弱さの体験

① メモを使わず、1から20までできるだけ速く数え上げて何秒かかるか計りましょう。

②次にアルファベットの「a」から「t」まで（20個）をできるだけ速く言って何秒かかるか計りましょう。
③最後に「1、a、2、b……」のように数とアルファベットを交互に「j」まで（20個）できるだけ速く言い何秒か計りましょう。

解説

同じ20個の情報を言うのでも数字からアルファベットへ切り替えながら言うのは難しいことです。切り替えの苦手な子どもが計算のやり方を切り替えるときに感じる大変さの一部を察することに役立ちます。

ポイント

- ワーキングメモリは処理をしながら情報を保持する。
- ワーキングメモリの言語・視空間領域は計算に関わる。
- 実行機能や注意などさまざまな要因が計算には関与する。

6-4 計算障害のある子どもへの支援策

計算の学習

▶ 学習の難しさ

　計算の学習に困難がある子どもに対して、指を使わずに計算するように指導したり、たくさんの計算の課題を出したりすることが見られます。指を使い続ける人は大人でもいます。

　しかし、算数の学習に困難のある子どもが、学年が上がっても指を使う計算を続けているのには理由があり、指を使わないように指導しても、引き続き周囲から分からないように机の下で指を使ったり机の上に置いた手が小さく動いて計算をしたりしていることがよくあります。

　また、指を使っていないが計算が遅い子どもに聞き取りをすると、簡単な数の分解ができず、頭の中で独特なやり方で数を分解し合成していることがあります。計算が遅い理由が何かを確かめることが大切です。

　たくさんの計算を課すやり方は、子どもが計算は正確にできるものの速さが遅いときに適用されるやり方です。そもそも正しく計算できない場合は正しく計算できるように一つ一つをじっくり取り組む必要があります。著しく計算が遅いときは、一つ一つの計算の細かなプロセスに子どもの注意が向いており、たくさんの計算をこなす効果が薄いように見えることがあります。

▶ どのように支援するか

計算障害の支援の原則について Butterworth（2019）は次のように述べています。

> 1）支援は基本的な数の概念の理解に基づくこと、
> 2）一連の活動は学習者の現在の理解レベルに適するよう慎重に構成すること、
> 3）計算学習を子どもにとってポジティブな経験にすること。

要は子どもの認知特性を適切に理解し、子どもにあった学習支援を行い、子どもが「チャレンジして、できている」という時間を持てることが大切なのです。以下にはそうしたことを目指した支援の例を示します。

①計算の速さややり方をモニタリングする
②数量処理を支援する
③数の分解を支援する
④繰り上がりのある計算をする
⑤大きな数を分解する

支援策 1　計算の速さややり方をモニタリングする

　どんな数の分解をしていてなぜ計算が遅いのか、計算の速さはどのように変化しているのかをアセスメント、モニタリングします。

　指を使って計算する子どもや、指を使っていなくても計算が著しく遅い子どもには「どうやって答えを出しているの？」と尋ねて計算のやり方を教えてもらいます。年齢が低い子どもはうまく説明できないこともあるため、計算のやり方をよく観察します。

　4+3を両手で指を立てて全部を数えている子ども、4から「5, 6, 7」と数え上げている子どももいます。8+5を数の分解が難しい子どもは指を立てて「9,10,11,12,13」と答えを出していますし、分解はしていても10という大きな数を考えるのが難しいため5と3と5のように分解し10と3、つまり13のように計算している子どももいます。

　九九は覚えているのに8+5が自動的にできない子どもでは4と4と4と1で4×3と1で13という計算をする子どももいました。一人ひとり数の分解の難しさとやり方が異なるため、どのようなやり方をしているのか聞き取りや観察による理解が必要です。

　学習のたびに内容の維持テストを行うだけでなく、計算の速さのモニタリングも適宜行うようにします。同様の内容で同じ難易度の計算テストを一定の間隔（1カ月や数カ月に一度）で実施します。計算テストは数分程度で終わるもので構いません。

　計算の速度を計測し速度の上昇をグラフにして追跡します。困難がない子どもも同時に実施し、速度の上昇の程度を比較します。このようなアセスメントの方法は**プログレスモニタリング**（**PM: Progress Monitoring**）と呼ばれます。

支援策 2 数量処理を支援する

　数と量の関係性を強くすることを意図した学習です。数と進んだ距離との関係を表す遊びは「すごろく」です。サイコロを振ってドットの数を数えたり、数えずに「ご！」と言ったりします。これはドットの数というノンシンボリックな表現とカウンティング、あるいは「ご」や「5」といったシンボリックな表現を結びつけることにつながります。また、「いち、にい、さん……」と言いながらマスにコマを進めることは数とそれに対応する長さを結びつけます。

左図の直線的なすごろくはその関係を分かりやすく子どもに示すものです。このすごろくは離散的な量の表現になっていますが、連続的な量の表現の学習につなげやすいでしょう。これと同様のゲームはオンラインで公開されているものもあります（左下図）。

　さらに下右図のようなすごろくは最初にポイントを持って出発し、止まったマスでポイントの計算を行います。よりシンボリックな形で数と量との関係を強めることを意図しています。

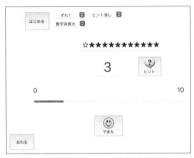

支援策 3 数の分解を支援する

　計算の学習を進める上で数の分解は非常に重要です。例えば8+7を計算するとき一般的なやり方では10に整理する方が簡単に計算できるため8+（2と5）に分解し、10+5に変形して15を導き出します。この際、分解は7についてだけ行っているのではなく、8を10にするために10を8と2に分解できることも知っている必要もあります。

　計算に困難のある子どもは数の分解が困難であったり、分解に時間がかかったりします（P.166の「体験してみましょう」で「いろは」に置き換えるやり方を当てはめると、10を8と2に分解するとは「ぬ」を「ち」と「ろ」に分解することになり、実感がわかないし覚えられる気がしないのではないでしょうか）。子どもにしてみると面倒な数の分解をするよりも指で7本出して「9、10、11……」と数え上げていく方が小さなコストで答えにたどり着くことができます。

　一般的な数の分解の学習はおはじきなどを使ってさまざまな数について分解を確かめ、繰り返し練習する手続きを取ります。これでなかなか定着しない子どもには、比較的扱いやすい数を中心にノンシンボリックからシンボリックに移行しながら学習するやり方が考えられます。
　比較的扱いやすい数とは特異数と呼ばれる5と10です。子どもによっては10が数として大きく難しく感じ、5の方が扱いやすい数と感じるようです。

　そこで左上図のアプリのように5円玉と1円玉の2枚で7円になる学習を行います。これは5といくつで数を分解する練習です。

　5はひとかたまりの数として、そこからはカウンティングすることで7に至ります。これに慣れれば1円玉もまとめて2枚出す形の学習に進みます。このように比較的扱いやすい数を中心に、お金という日常にあって動機づけが高いものを使い、加算的に数の分解を学習します。

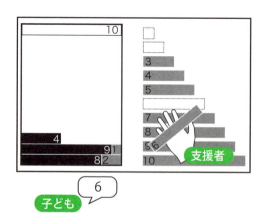

なお、左ページ上図のような2つのサイコロを使うと5をもとにした数の分解に慣れながら通常のサイコロ1つと同様の感覚で遊ぶことができます。

　10の分解は左ページ下図のように市販されている数量バーを用いて学習してもよいでしょう。

　ただし、歌詞を覚えるように10の分解の組み合わせを言葉だけで覚えて10の分解はできるようになったとしても、より小さな数の分解ができなかったり、計算の際に応用できなかったりすることがあります。学習にあたっては、数と量を結びつけながら学習することが重要です。

　また、4は2と2、6は3と3のような同じ数の合成は**ダブルナンバー**と言って比較的扱いやすい数です。サイコロからも学習しやすいため支援者が意識しておくと役立つことがあります。

支援策4 繰り上がりのある計算をする

　繰り上がりのある計算とは8+7のように桁が増える計算ですが、そのままでは計算しにくい数を分解したり合成したりします。しかし8+（1と6）のように分解しては計算が複雑化します。8+（2と5）のように分解するので10+5、これを発音すると「じゅう・ご」と学習しやすくなるのです。

　一般的には10をもとにした計算に変換しますが、ここでは5をもとにした計算と数を分解しない計算を紹介します。これは10をもとにした計算を重要視しないという意味ではありません。P.88に示したように学習の方略は子どもにとっての最適方略があり、また同様の問題でも複数の方略を使い分けることがあること、**子どもにとっての最適方略も変化していく**ことを認識する必要があります。

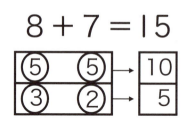

　5をもとにした計算では左図のようにそれぞれ5といくつかに分解して計算します。5と5の計算は簡単なので、後は5より小さい数の加算を記憶から引き出したり指を使ったりして計算します。

　また、数の分解が困難な子どもでは下図のような20までの数の系列（ものさしや時計の文字盤を使う子どももいます）を用いる子どももいます。8+7であれば8を指さしてそこから7移動すると答えの15となります。

支援策 5 大きな数を分解する

　大きな数が難しい子どもは少なくありません。9304のように間に0がある数は難しく、うまく読めないこともありますし、「きゅうせんさんびゃくよんを書きましょう」と言われて正しく書けないことはよくあります。

　なお、算数の支援をしている人は実感するところですが「100が5つ、10が3つ、1が4つ」のような学習は比較的難しい問題で、できない子どもは何回練習してもできないことがあります。

　これらに対応するためには比較的扱いやすい「2000」や「300」などの数を用います。「1000が2つで2000」は比較的難しいのですが、「2000」を「にせん」と覚えることは比較的学習しやすいのです。下左図のようなカードを並べ支援者が「さんびゃく」や「ごじゅう」などと言って子どもに指ささせます。

　それができるようになったら次のステップです。支援者が「ごせん」「きゅうひゃく」「ごじゅう」「さん」のように言って、子ども

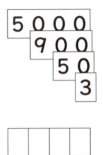

はその都度にカードを手に取ります（前ページ右図参照）。そしてカードを順に読むと「ごせんきゅうひゃくごじゅうさん」であることを確認し、カードを重ねて合成します。するとそれが「5953」であることが分かりますので、これを改めて読む練習をします。

　ここでは計算の中でも基礎的な数の理解や操作について述べてきました。計算では加減乗除の学習、筆算（アルゴリズム）の手続きを覚えることなど幅広い学習があります。こうした展開については熊谷・山本（2018）や河村（2023）などをご参照ください。

> **ポイント**
> - 計算の力が向上しているかプログレスモニタリングが重要。
> - 数の分解や数と量を結びつける学習をする。
> - 扱いやすい数・記号をもとに学習を進める。

第7章

問題解決困難の原因と支援のしかた

7-0 問題解決困難のイントロダクション

問題解決困難とは

文章題や図形を中心とした文章題のように算数における問題解決が求められる問題で著しい困難を示すものです。読み書きや、計算はできるが問題解決は難しい子どもがいます。

さまざまな問題解決困難の例

問題解決が困難になるプロセスは非常に多様です。計算の困難など基礎的な学習が影響するほか、言語理解やワーキングメモリの弱さが影響します。

みなとさん

- 診断前 / 就学前：数について理解が弱い様子
- 診断時期 / 就学後：計算が苦手で、練習でできるようになるが文章題が困難

ひめかさん

- 診断前 / 就学後：計算は手順を覚え、上手になる
- 診断時期 / 小学校中学年：基礎的な文章題はパターンでできるが図形の文章題の解き方が分からない

はるきさん

- 診断前 / 小学校：初見の文章題は理解が難しく練習で慣れる
- 診断時期 / 中学生：「方程式の利用」など自分で立式する問題が困難

計算障害の原因

- **言語理解の弱さ**
  文章題の文章の理解に困難がある
- **ワーキングメモリの弱さ**
  情報を覚えにくく、言語的な情報と図のような視空間的な情報を結びつけにくい
- **計算障害**
  計算に困難があると、問題解決に含まれる計算や概数把握が難しい
- **空間スキル等の弱さ**
  問題で示された状況からパターンを見出したり、立体的に考えることが難しい

> 個別支援

○ **ワーキングメモリを支える学習**

計算に困難があっても、空間スキルに弱さがあっても、問題解決を行うために必要なワーキングメモリの働きを圧迫します。問題について支援者が説明する、その言葉そのものがワーキングメモリの余裕を奪うことがあります。現存するワーキングメモリの働きを妨げないように問題を理解し解決法を学ぶよう工夫します。

○ **長期記憶を利用した学習**

具体的なものや子どもの既有知識を用いた学習を行います。

○ **自己効力感に配慮した学習**

当該学年と低学年の学習を並行したり、その子どもの認知特性に合わせた実感の持てる学習を行い、算数の学習から離れてしまわないようにします。

> 支援上のキーポイント

問題解決の困難はさまざまな学習につながりがちなので、予測して支援します。

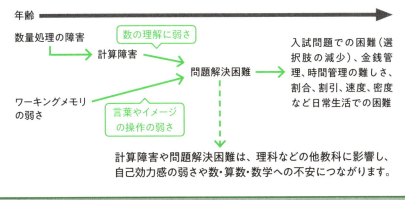

7-1 問題解決困難がある子ども

問題解決困難のある子どものケース

算数は計算だけではなく、いわゆる文章題や図形問題などさまざまな問題があります。文章題から自由回答形式で探索型の問題までさまざまな数学的内容をカバーする活動を問題解決と呼びます（Bennett & Briggs, 2002）。

事例①

計算に困難があり、問題解決の困難が生じているあきさん

あきさんは年齢が低い頃からおしゃべりは得意でしたが数の理解や計算に困難がありました。数の分解の組み合わせを覚えることが難しく、計算も同じ年齢の子どもに比べて随分遅く、なかなか自動化しませんでした。

学年が上がっても1桁同士の足し算や引き算も指を使ったり頭の中で考えたりしていました。そのため文を読むことには困難がないにも関わらず文章題でも立式が難しく、8-3とすべきところを3-8としてしまったり、適切に加減の式を立式することができなかったりしました。数が伴わない純粋なパズルであればできましたが算数全般に困難がありました。

事例② 計算はある程度できるが問題解決の困難が生じているこうじさん

こうじさんはもともと計算に苦手さがあったためそろばんを習っていました。そろばんでは同じときに入った子どもに比べると学習の進み方はゆっくりでしたが、以前よりも計算の確実性が増したようでした。

しかし、文章題では基礎的な問題でも困難があり、特に大きな数の文章題では加算なのか減算なのか、乗算なのか判断がつかないようでした。そのようなときは同じ文章のまま数だけを小さくした文章題にすると正しく立式でき、文章の意味は理解できている様子がうかがえました。

事例③ 計算はできるが問題解決に困難があるようこさん

ようこさんは計算は得意で1桁同士の数の計算は早くから覚えましたし、かけ算やわり算は九九ですぐ答えが出せます。国語よりも計算に得意な意識があり計算は喜んで取り組みます。

しかし、文章題に困難があり、簡単な数の文章題でも加算なのか減算なのか判断がつきません。「ふえた」「あわせて」は足し算と機械的に覚えているので「ふえた」とあるのに減算・乗算の問題が出ると式を書いてみて大人の反応を見て答えるようになっています。

また、図形問題では試行錯誤して解法を見つけていくことが難しく解法のパターンを記憶して解答することを好みます。新しい

タイプの問題が出ると混乱したり怒ったりします。

　算数に困難がある子どもを観察すると、計算ができずそのために計算が伴う文章題ができない子どもがいる一方、計算はできるのに文章題が解決できない子どもがいます。つまり計算と問題解決とを分けて考える必要があるのです。

　例えば「32−24＝」と式として与えられれば即座に答えを出せるのに「たろうさんはなわとびを32回とびました。ゆかりさんは24回とびました。どちらがなん回おおいでしょう」という文章を読むと「足し算か引き算か教えて」と聞くのです。その中には読むことに困難があって文の意味を取りづらい子どももいます。そうした子どもは大人が読み上げて聞かせるとすぐに立式できることもあります。

　また、大きな数を扱うことが苦手で文の意味を取りづらい子どももいます。そうした子どもは32や24という数をその子が扱いやすい5や3などにするとすぐ立式できることもあります。これは数量処理の弱さがあると推測できます。しかし、それらの困難は観察できないにも関わらず、文章を読んで立式できない子どももいます。

　文章題を読んで立式したり、文章の指示通りに図形の情報を処理して解決したり、いくつかの操作を経て図形を作図したりする問題など、計算以外に問題を解決する要素があるものをここでは問題解決と呼びます。

問題解決困難がある子どもや大人

　問題解決困難は計算障害に比べるとその実態は十分に明らかになっているとは言えませんが、子どもに勉強を教える人は、文章題や図形問題などに著しく困難を示す子どもに出会うことは決して珍

しくないでしょう。

　計算は手続き的知識と深い関係があります。筆算の際の繰り上がり、方程式の移項など、なぜそうするのかよく分からなくても決まった手続き通りに実行すれば正解が導き出せるものもあります。そのような手続きを覚えることはできても、与えられた問題を自分で読み取ってイメージし試行錯誤して正解を導き出すことが難しい子どもがいるのです。

問題解決困難の定義

　問題解決困難は必ずしもコンセンサスがある概念ではありません。医学分野ではDSM-5-TRで**限局性学習症**（Specific Learning Disorders：SLD）の定義において学習領域、下位技能について次のように表されています。

> 数学的推論の困難さ（例：定量的問題を解くために、数学的概念、数学的事実、または数学的方法を適用することが非常に困難である）

　問題解決とは、解決する方法を知らない問題をどうやって解決するかを解明する認知処理過程（Mayer & Hegarty, 1996）で、文章題は基礎的な計算操作を単純に言葉で記述したものから高度なモデリング問題まで多岐に亘ります（Strohmaier et al., 2022）。したがって問題解決困難を定義することにそもそも難しさが伴います。本書ではここまでの定義を踏まえ、さらに主に教科書に現れるような問題において著しい困難がある状態として考えます。

問題解決困難の出現率

　問題解決困難のみ出現率は必ずしも明確ではありませんが計算のみの障害の出現率と問題解決困難のみの出現率は同程度であったとする研究もあります（Fuchs et al., 2008）。

　問題解決困難は読み障害と計算障害との関連もあります。読みに困難があれば文章題を読んで理解することが難しく、計算に困難があれば問題解決のために計算をしたり結果の予測をしたりすることが難しくなります。

> **ポイント**
> - 本書では算数の支援の観点として計算と問題解決の2つから見る。
> - 読み書きや計算に困難はないが問題解決に困難のある子どもがいる。

7-2 問題解決困難がなぜ生じるか①
学習と認知処理

 問題解決に必要な認知処理

　問題解決の背景にはさまざまな認知処理が関わっていると考えられます。下図に示すのは問題解決に関わる認知処理について、**支援に役立つ図式**として要約したものです。問題解決では言語理解、空間スキル、ワーキングメモリが重要であると考えられていますが、多くの処理や基礎的な学習が関わっています。本節と次節ではこの図式に沿って問題解決の困難を考えていきます。

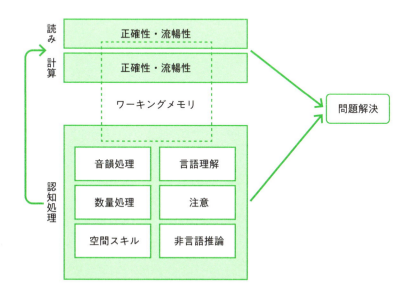

問題解決困難の子どもが示す認知特性：読み障害と音韻処理

　問題解決では文章を自分で読んで問題を理解する必要があるため、読み障害のある子どもが解答できない場合が見られます。そうした子どもでは支援者が文章を読み上げると自分で立式できることがあります。このような場合は支援者が問題文を読み上げたり、ICTを活用して文章を自分で読まなくてもよいようにしたりすることが問題解決における合理的配慮になるでしょう。

　ただし、読み障害の子どもの背景には音韻処理の障害が見られがちです（P.43参照）。音韻処理の障害があると語彙量が十分に増えなかったり、初めて聞く言葉を復唱することに困難があったりします。そのため、文章題の中の「誤り」という言葉を「謝ること」と理解したり、「さざんがく」のような音、「和」、「差」、「商」、「平行四辺形」など日常生活で馴染みのない**算数の語彙**を覚えることに困難が生じたりします。

　読み障害と算数障害は併存することがよくあり、さらに算数障害のない子どもでも読み障害があると問題解決の学習に影響する場合があるため、読み障害は注目すべき視点の1つとなります。

問題解決困難の子どもが示す認知特性：計算障害と数量処理

　問題の種類によりますが、計算を多く要求する問題解決では当然のことながら計算障害の影響があります。特に学年が低いとき計算に近い文章題があり（Lin, 2021）、これは計算と関係の深い問題解決と言えます。計算が正確にできないために問題解決の困難が生じている場合は電卓を使うことが問題解決における合理的配慮になる

でしょう。

　計算はある程度正確にできるが遅い場合も問題解決の困難につながります。計算の速度が他の子どもの2倍かかるのであれば、他の子どもが30分でできる問題に60分かかるかもしれません。疲れてしまって問題に取り組むことを嫌がるだけでなく、一つひとつの問題に集中できなくなりがちです。計算機の使用だけでなく問題数を減らすことも合理的配慮となるでしょう。

　数量処理の障害ゆえに計算障害がある場合、文章題を読んでも状況のイメージがわかないこともあります（次ページの「体験してみましょう」を取り組んでみてください）。私達は文章題を読むと同時に数の大小や文章の指し示すことから加算か減算か判断でき、答えを概算し予測することもできます。それができない子どもではありえないような数が計算結果として出たとき何も気づかずに答え欄に書き込んでしまいます。

数量処理と問題解決困難

　問題解決には数量処理の要素が多く含まれています。例えば面積の問題では辺の長さを分解する必要があります。割合や百分率、時速などの問題では図のように数直線が2本（ダブルナンバーライン）となります。角度、面積、体積の学習でも図形に対して量を結びつける必要があり、数量処理が必要となります。

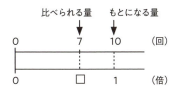

体験してみましょう

読み障害が問題解決に影響を与えることの体験

以下の数字列は文章題になっています。下の対応表で数字に対応するひらがなで読んでいきます。文章題を読んで答えましょう。

⑫㉓⑧⑱①④㉑⑤②⑭⑨⑲③㉒⑥⑩㉕⑰㉖㉔⑬⑯⑳⑦⑪⑮

【対応表】
①こ ②す ③べ ④あ ⑤ま ⑥し ⑦ま ⑧が ⑨こ ⑩た ⑪す ⑫あ ⑬こ ⑭2 ⑮か ⑯あ ⑰ま ⑱5 ⑲た ⑳り ㉑り ㉒ま ㉓め ㉔ん ㉕い ㉖な

解説

この体験はP.49で取り組んだものと同じで、読めない字はないが字を見てから読み方が分かるまで時間がかかることの体験です。短い文章題でも読むのが遅いと何が問われているのか分かりませんし、読み直すのにも時間がかかります。

数量処理の困難が問題解決に与えることの体験

1→い、2→ろ、3→は……と数字を「いろは……」に置き換えて考えます。「いろは……」を数に変換せずに、以下の文章題の答えを予想してください（答えも「いろは……」で表します）。

とりが『ち』わとまっています。『へ』わとんでいきました。いまなんわでしょう。

解説

　数字を「いろは……」に置き換えると、数の量の感覚が持てない状態と同じになるため、文章題の答えを予想することが困難になります。『ち』わ、と書かれていてもどのくらいの鳥がとまっているかイメージできないのです。これが「8」わとまっていて「6」わとんでいった、と書いてあれば即座に半分以上がとんでいったイメージが持てるのではないでしょうか。

> **ポイント**
> - 問題解決には基礎的な学習到達度や認知処理などがさまざまに関与する。
> - 学習の困難や背景にある認知処理の弱さを考えながら支援を検討する必要がある。

7-3

問題解決困難がなぜ生じるか②
言語理解など

問題解決困難の子どもが示す認知特性：言語理解の弱さ

　問題解決では文を読んで理解するプロセスが含まれており、語彙量や、聞いて理解したり読解したりする能力は問題解決において最も重要なものの1つになります。問題の表象を言語的な情報で処理するだけでなく、概念の説明、問題の解決のやり方の説明、情報を思い出すことなどで言語が必要です（Lin, 2021; Peng et al., 2020）。

　また、「〜より大きい」といった算数固有の語彙の理解も問題解決に影響を与えます（Lin, 2021）。数を数えることや計算にも言語は重要な働きを担っていると考えられる（Fletcher et al., 2019）ため、問題解決において直接的、間接的に言語理解が影響していると言えます。

　問題解決困難な子どもでは語彙量が少なかったり、読解に困難が見られたりする経験はよくあります。気をつけなければならないのは、数量処理の弱さや算数固有の語彙の困難の影響によって問題解決に困難が生じていると思われる子どもでは、国語のテストでは高得点なのに算数の文章題が解決できない状態が見られることです。問題解決困難と読解の困難は、関係は深くても必ずしも同じものではないのです。

問題解決困難の子どもが示す認知特性：ワーキングメモリの弱さ

ワーキングメモリは情報を処理しながら同時に保持するような記憶の働きで問題解決において重要な役割を担います（Fuchs et al., 2020）。問題解決では問題文を読みながら情報を保持し、不要な情報を抑制し、必要な情報に注意の焦点を当て、情報を更新していく必要があり、ワーキングメモリに弱さのある子どもでは問題文が意味することを十分に思い浮かべられないことがあります。

また、ワーキングメモリに弱さのある子どもは、計算という情報の処理を行いながら、誰が何個何を持っているか、答えとして求めるべきものが何なのかを覚えていられないことがあります。

さらに問題解決では、しばしば複数の条件を保持する必要があります。図形を分解するときにこのように区切ったらどうなるだろうか、別のところで切った方が解決しやすいだろうかと試行錯誤します。このとき最初に考えた条件を覚えておきながら次の条件を試します。ワーキングメモリに弱さのある子どもではすでに試した条件をもう一度試してしまうことが見られます。

問題解決困難の子どもが示す認知特性：注意、空間スキルなど

問題解決においては注意や空間スキル、非言語推論も重要な役割を担います。これらは互いにそしてワーキングメモリとも関連が深い機能です。

注意については、心的な努力を維持することが必要な課題に取り組むことなど、不注意に関する教師による評定（Swanson, et al., 2012）が子どもの問題解決のテストの成績と関連することが知られ

ています（Fuchs et al., 2006）。

　例えば文章題に取り組むときは問題を読んで理解し、試行錯誤しながら方針を決め、計算するという心的な努力を維持し続けなければなりません。不要な情報は無視（抑制）し必要な情報に注意を向けます。問題解決に困難のある子どもでは長時間の集中が難しかったり、1つのやり方を試してうまくいかないとすぐあきらめてしまったりします。また、不要な情報を無視できずに取り組みが止まったり、間違った情報を取り込んで計算したりします。

　空間スキルはここでは、複雑で複数のステップからなる空間的な情報の操作を伴うような課題に関連する概念（Lin & Petersen, 1985）です（例は Hawes & Ansari（2020）を参照）。算数では左図のような課題がこれに相当するでしょう。

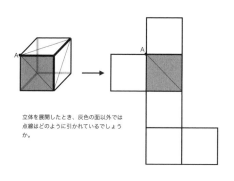

立体を展開したとき、灰色の面以外では点線はどのように引かれているでしょうか。

　非言語推論は初めて出会うような問題をよく考えて柔軟なやり方で解決する（Newton & McGrew, 2010）能力です。例えば就職試験などでも見られる一般的な問題ですが、下図のような変化するパターンでは最後にはどのようなパターンが考えられるでしょうか。ステップ1からステップ2へと、規則性を持って変化しています。ステップ3に当てはまるのはおそらく1行目に■、2行目に■■、3行目に■■■があるパターンになると推論できます。このような空間スキルや非言語推論に弱さ

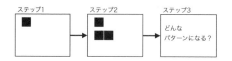

のある子どもでは問題解決の、特に既有の知識を活用できない問題、複雑な空間的な操作が伴う問題、パターンを判断していくような問題で著しい困難を示すことがあります。

体験してみましょう

ワーキングメモリや非言語推論が必要な問題の体験

次の問題を頭の中だけで解いてみましょう。

下のように白と黒の丸が交互に増えていきます。
10番目になるときどちらの丸が何個増えるでしょうか。

解説

こうした問題では丸が増えるパターンを判断（非言語推論）して、その数を計算できるやり方を考える必要があります。単に図だけを見れば何を求めるのか分かるわけではなく、文章を読解してターゲットが何かを特定しなければなりません。

ただし、この問題を頭の中だけで解決しようとすると10番目は縦が10個であることはすぐ分かりますが、横が何個であるのかは増え方の法則を考えたり計算のやり方を考えたりしてワーキングメモリの負担が高いのが分かります。

このような問題解決の問題は正解に至るまでのやり方は必ずしも

1つではなく、さまざまなやり方で解決可能です。

> **ポイント**
> - 問題解決のためには計算以外に言語理解の力が重要である。
> - 問題解決にはワーキングメモリ、注意、空間スキル、非言語推論などの力が求められる。

> **コラム**
>
> **算数は難しいが、数学は簡単？**
>
> 一般的には計算に困難があると、数学でも困難が生じます。しかし、計算が著しく遅く算数はかなり苦手だったが、中学の数学の学習に入ってから急に簡単に感じたという人もいます。そのような人に聞き取ると、他の人が10という数の分解の組み合わせを覚えていることにずいぶん後になってから気づいた人や、算数は暗記しなければいけないことが多かったが数学ではaやxなどに置き換えてしまえばよいので覚える必要性が少なくなって楽になったという人がいました。
>
> 数学の学習を進めるには算数での学習の積み重ねはとても大切ですが、一方で算数と数学の間でも一定のコンポーネント性があると感じられるエピソードです。

7-4 問題解決困難のある子どもへの支援策

問題解決の学習

◎ 学習の難しさ

　子どもが理解できていて、後は自動化すれば良いことについては繰り返し学習が必要です。理解できていないことを繰り返し反復学習することは避けましょう（Butterworth, 2019）。

　また、一度やっただけではすぐに忘れてしまいます。次の日、1週間後、1カ月後、3カ月後などに復習や維持学習をしましょう。

◎ どのように支援するか

　Noël & Karagiannakis（2022）は算数の学習支援の原則として次の3つを挙げています

1）**明示的な指導**
　解決のための明確なモデルを示す
2）**試行錯誤的で発見を支援する**
　さまざまな問題解決のためのステップを組織化し記憶する
3）**算数の柔軟性**
　複数の方略から簡単で効率的なものを選ぶことを促す

　問題解決は極めて問題の種類や内容が幅広く、多様で深いため支援は簡単なものではありません。以下では、子どもが自分にある力

を活用し、明示的に示された方法に基づいて、自己効力感を持ちながら学習を進めることを目指したやり方の例を紹介します。

　①長期記憶や子どもにある力を活用する
　②長所活用と短所補償を支える
　③自己効力感に留意する

詳細は河村(2024)を参照してください。

　長期記憶や子どもにある力を活用する

　問題解決はワーキングメモリの弱さに影響を受けます。ワーキングメモリに弱さがあると今、処理していることだけで頭が占められてしまい別のやり方を考えられなくなったり、不安や嫌な気持ちで頭が占められて問題を処理することも難しくなったりします。

　そこで重要なのはその子どもがよく知っている物事、長期記憶にある情報を活用することです。いくつかポイントを挙げてみます。

▶ 語彙についての支援
「ダース」という言葉を知らないために問題集の文章題の意味が分からない子どもがいました。こうしたときはダースの意味を教えたり、1ダースを12個に書き換えた文章題に取り組ませたりします。**よく知っている言葉**に置き換えるのです。

▶ 言語理解についての支援
　言語理解が難しい子どもでは一文が長いと主部と述部の関係が分からなくなっていました。

> 　ノートを買いに行きました。200円のノートを買って、さいふに100円がのこるはずでしたが、ちがうノートを買ったのでのこっていたのは30円でした。買ったノートのねだんはいくらだったでしょう

　このように長く余分な情報（**妨害刺激**）があると何が大切なのか分からなくなってしまいがちです。「ちがうノート」を「買ったノート」と結びつける必要もあります。そこで、

- 200円のノートを買うとさいふに100円のこります。
- べつの？円のノートを買うとさいふに30円のこります。
- ？円はいくらでしょう

のように文を短く、1つの文に1つの内容を含めるようにして、不明の数値を「？」と表すようにすると文の意味が分かりました。

▶ 背景知識についての補足

バスに乗ったことがないため「バスに3人乗って2人おりた……」のような文章題を解決できない子どもがいました。この子どもでは興味のあるお金に置き換え「さいふに3円いれて、2円つかいました……」のような文章題にしたところ解決できました。**知っている状況、興味のあること**に置き換えるのです。

▶ 数量処理についての補足

大きな数であると意味が分からなくなる子どもがいました。「教室に34人いて男の子が15人でした……」のような文章題であると解けないのです。親しんでいる小さな数に置き換え「教室に8人いて男の子が3人でした……」のような文章題にしたところ、考えて自分で解決できました。自分の**知っている数**を用いるのです。

▶ 音韻処理についての補足

実在しない言葉、例えば「へすばそ」のような**非単語**を復唱しづらい子どももいます。「へそすば」のように音が入れ替わるなどするのです。すると「へいこうしへんけい」のように図形の音が覚えにくいと、その図形問題を解決しにくかったり、「……女子の人数を○で表します」のような代数で何が○を表しているのか覚えにくかったりします。

一度に長い言葉は覚えられないので「へいこう」「しへん」「けい」に分けて1つずつ覚えて長期記憶に定着してからそれらを結びつけると覚えることができました。また、○という記号で表すのではなく直接的に㋐と表し徐々に○に置き換えるやり方で代数のやり方に親しみました。

◎ 注意についての補足

必要な範囲に注意を絞り込めず、不要な情報に注意が反応してしまう子どもがいました。図の①のような直角三角形の直角を探す問題で直角を見つけられないのです。直角そのものの知識は持っていて、通常の角度の問題で直角を指摘することはできますが、直角三角形の中で探すときは何度やっても間違え、直角を探しているのに辺の下に線を引くこともありました。

そこで②のように紙いっぱいに大きな三角形を印刷して示すと「これなら分かる」とあっという間に直角がどこかを指摘できたのです。おそらくこの子どもは注意の範囲を絞り込めるのが●の範囲だったのでしょう。

すると③のように小さな三角形では●の中に三角形が全部入ってしまい、これ以上細かな情報を分析できず角や辺が区別できなくなったのでしょう。②のように三角形が大きければ注意の範囲を絞れなくても直角だけに

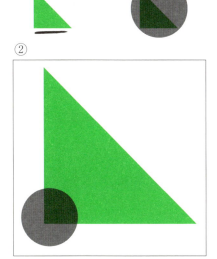

注意を向けることができます。

　ほんの少しでも情報が増えるだけでも不要な情報を除外できずに混乱する子どもがいます。問題解決では普通、多くの情報が提示されて子どもはその中から必要な情報を選択します。子どもが問題解決で困っているときは適切にターゲットの情報に注目できているか、不要な情報に反応しなくて済んでいるかを観察していきましょう。

▶ 空間スキルと非言語推論についての補足

　最初から複雑な図形を全部見せてそれを分析するようにすると混乱する子どもがいます。その場合には、

- 必要な情報だけに注意を向け、少しずつパターンを増やし長期記憶に積んだ情報をもとに少しずつ理解させる
- 分解するよりも合成していくことでパターンを理解させる

といったやり方があります。

　右図は空間スキルについて少しずつ情報を追加する典型的なプリントです。一度にプリント全体を見ることはせず、最初は一番上の点線の上だけが見えるようにします。そこに答えると次の線まで見えるようにします。このようにしてスモールステップで、しかも一度に見える情報の量を制約して混乱しないようにします。

● 空間スキルの情報を少しずつ追加して学習していくプリント

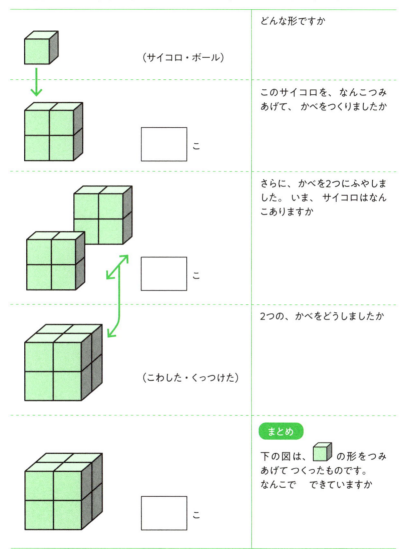

支援策 2　長所活用と短所補償を支える

　問題解決では問題によって求められる認知処理に違いがあります（Strohmaier et al., 2022）。下図のような体積の問題では空間スキルに加えて、立体の量に対して数を結びつけるという数量処理も必要です。空間スキルや数量処理に弱さのある子どもは書かれている数をただかけ算するなどします。そこで空間スキルについては**短所補**

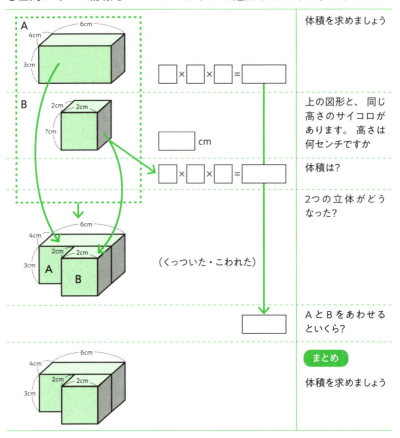

●空間スキルの情報をスモールステップで追加していくプリント

208

償としてスモールステップで少しずつ学習をします（下図も一番上の点線から下を隠して1つずつステップに取り組み、徐々に全体が見えていくプリントです）。

このとき分解した立体にＡやＢ、アやイなどの**言語的なラベル**を付けます。こうすることで認識しにくい空間的な図形を１つのものとして浮かび上がらせようとするのです。音韻処理の強さを生かそうとする**長所活用**のやり方です（ワーキングメモリの言語領域と視空間領域の長所活用と短所補償の概念については河村（2019）を、算数における応用は河村（2022）や河村（2023）を参照）。

長所活用と短所補償は言語と視空間という対立だけでなく、さまざまな場面で行います。下図は子どもが解けなかった文章題をス

●文章題をスモールステップで学習するプリント

9円	□ 円	アメは1ついくらですか
9円 9円	□ 円	2つ買うといくらですか
表（1つ:9円, 2つ:18円, 3つ, 4つ, 5つ, 6つ）		表に書きましょう
	□ 円	72円になるのは、なんこのときですか
	□ 円	妹に3こあげました、なんこのこっていますか

まとめ
1こ9円のアメを72円で買いました。妹に3こあげました。なんこのこっていますか

第7章 問題解決困難の原因と支援のしかた

モールステップで学習するために作ったプリントです。わり算で理解することが難しいためにかけ算で問題の意味を理解する仕組みにしています。具体物は理解しやすい長所を生かして最初は絵でアメを示し、増やすときも絵で見せます（**ノンシンボリック**）。

続いてその絵を短所に当たる苦手な数に置き換えていきます（**シンボリック**）。

さらに、数に置き換えてからも一挙に答えに到達しようとするのではなく、**既有の知識**である九九を想起させ答えに近づけようとします。このように子どもの長所を活用し短所を補償することは、学習のあらゆる場面で行うようにします。

> **支援策 3** 自己効力感に留意する

　算数はできる、できないが明確につきつけられるためか、算数で自己評価を下げたり、他の子どもの目や教師の目を気にしたりするなど、算数に著しく不安が強い子どもやパニックになる子どもがいます。
　算数不安（Arithmetical Anxiety）は重要な研究領域となっていて（e.g., Ashcraft, 2002）、計算障害に関する支援の書籍（e.g., Butterworth, 2019; Chinn, 2007）でも、こうした点に相当のページ数を割いています。

　他の子どもは難なく分かるのに自分は分からないという経験、丁寧に説明してもらっても自分の中に根を下ろさずに理解できないまま進んでいく経験、手順だけを覚えて実感のないままに取り組む経験と少し違う形になるとまた壁にぶつかる経験をすることで自己効力感が下がってしまうのでしょう。
　問題解決の支援ではこのような点に配慮することが非常に重要です。いくつかの留意点を挙げます。

a）子どもが自分の「歯車」を動かしたら、問題の解決の「歯車」も動いている実感が持てるようにする

　子どもの認知処理と問題解決が要求する認知処理の違いによって「普通のやり方」が分からないことがあります。子どものやり方を見極めて、言わば子どもが自分の持っているやり方で試行錯誤したら問題も解決できる経験を積めるように心がけます。よく分からないが手順だけ実行すれば解決できることばかり経験し続けないようにします。

b) スモールステップと即座の程度フィードバック

　問題解決の問題は概して複雑なのでスモールステップ化して解決できるようにします。また、コンピュータの算数教材を想像すると分かりやすいように即座にフィードバックがあると分かりやすくなります。そのフィードバックも、あっているか間違っているかだけでなく、どの程度正解に近いか（Butterworth, 2019）が分かるフィードバックを心がけます。

c) 当該学年と低い学年の学習は同時並行で進める

　問題解決に困難がある子どもは、低い学年の教材で学習することもよくあります。しかし、当該学年でも学習できる内容が必ずあります。今の学習も同時並行して進めることで子どもが自分の成長する力を信じることを支えられます。また、年齢が低いときは数量処理や空間スキルなど弱い認知処理を伸ばすような学習を多くし、年齢が高くなったら現在の課題や生活上の課題からの内容についての学習を多くするとよいでしょう。

d) 平面と立体を数に変換する

　下図は空間スキルの力を伸ばすことを意図した教材です。左側

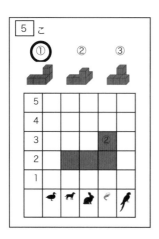
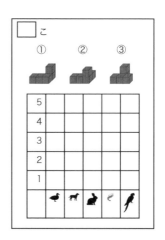

のプリントは問題を出す人が、右側は問題を解く側が持っています。左側のプリントは答えが書いてあって①の立体が5個のブロックでできていて、立体を上から見た平面で表したものが下のマス目に描かれています。ブロックが2個積まれているところは2と書かれています。問題を出す人は「エビの3に、2個」のように言います。問題を解く人は右側のプリントの該当のマスを塗ります。そして塗った形から上の立体のどれに当てはまるか、立体が何個でできているのかを当てます。

このように、ただ立体を操作するのではなく平面や数に置き換えるような学習を行います。そして同時に楽しく行えるようにします。算数に困難のある子どもは算数に親しむ機会が少なくなりがちです。楽しく学習して数や形に親しみます。

e）**時間が経ってから取り組んだらできることがある**

算数に困難のある子どもも成長していきます。今できないことが後で楽にできることもよくあります。どうしても支援が難しいことは時期をおいてから取り組むことも選択肢になります。

問題解決は計算式をそのまま置き換えた文章題から、複雑で解法がいくつもあるものまであり、割合のように「問題の形」よりも概念そのものの理解が難しいものがあったり、問題により数量処理あるいは空間スキルが強く要求されるなど、求められる認知処理が異なったりするため、1つの概念にはくくれないほど多様です。支援について詳しくは熊谷（熊谷・山本, 2020）や河村（2024）などをご参照ください。

> **ポイント**
> ● 子どもの既有知識を活用して学習の支援を行います。
> ● 支援では算数に対して自己効力感を持てるよう配慮する。
> ● 短所改善と、長所活用・短所補償のアプローチは同時並行する。

文献リスト

Abeel. S. (2004). My Thirteenth Winter: A Memoir. NYC, NY: Scholastic. 長尾力（訳）. (2006). 13歳の冬、誰にも言えなかったこと：ある学習障害の少女の手記. 春秋社.

Alloway, T. P. (2007). Working memory, reading, and mathematical skills in children with developmental coordination disorder. Journal of experimental child psychology, 96(1), 20-36.

American Psychiatric Association. (2022). Diagnostic and statistical manual of mental disorders: DSM- 5 -TR. Washington, DC: American Psychiatric Association. 高橋三郎, 大野裕（監訳）, 染矢俊幸, 神庭重信, 尾崎紀夫他（訳）.(2023). DSM-5-TR 精神疾患の診断・統計マニュアル新訂正版. 医学書院.

Ashcraft, M. H. (2002). Math anxiety- Personal, educational, and cognitive consequences. Current directions in psychological science, 11(5), 181-185.

Bennett, J.O., Briggs, W.L. (2002). Essentials of Using and Understanding Mathematics: A Quantitative Reasoning Approach. Addison Wesley.

Berninger, V.W. (2004). Understanding the graphia in developmental dysgraphia: A developmental neuropsychological perspective for disorders in producing written language. In Dewey D & Tupper D (Eds.), Developmental motor disorders: A neuropsychological perspective. Guilford Press: New York, NY., pp. 189–233.

Berninger, V. W., & Hart, T. M. (1992). A developmental neuropsychological perspective for reading and writing acquisition. Educational Psychologist, 27(4), 415-434.

Berninger, V.W. , Winn. W.D.(2006). Implications of advancements in brain research and technology for writing development, writing instruction, and educational evolution. In MacArthur, C. Graham, S. Fitzgerald, J. (Eds.), Handbook of writing research, Guilford, New York, pp. 96-114.

Brown, P. C., Roediger III, H. L., & McDaniel, M. A. (2014). Make it stick: The science of successful learning. Harvard University Press. 依田卓巳（訳）. 使える脳の鍛え方 成功する学習の科学. NTT出版.

Bruck, M. (1988). The word recognition and spelling of dyslexic children. Reading Research Quarterly, 51-69.

Butterworth, B. (2019). Dyscalculia: From science to education. Routledge.

Catts, H. W., Compton, D., Tomblin, J. B., & Bridges, M. S. (2012). Prevalence and nature of late-emerging poor readers. Journal of educational psychology, 104(1), 166.

Elliott, J.G. and Resing, W.C.M. (2015). Can Intelligence Testing Inform Educational Intervention for Children with Reading Disability? Journal of Intelligence, 3(4), 137-157.

Fernell, E., & Gillberg, C. (2020). Borderline intellectual functioning. In Aminoff, M.J., Boller, F., and Swaab, D.F. Handbook of clinical neurology (Vol. 174, pp. 77-81). Elsevier.

Frazier, T. W., Youngstrom, E. A., Glutting, J. J., & Watkins, M. W. (2007). ADHD and achievement: Meta-analysis of the child, adolescent, and adult literatures and a concomitant study with college students. Journal of learning disabilities, 40(1), 49-65.

Fletcher, J. M., Lyon, G. R., Fuchs, L. S., & Barnes, M. A. (2019). Learning disabilities: From identification to intervention. Guilford Publications.

Fuchs, L.S., Compton, D.L., Fuchs, D., Paulsen, K., Bryant, J.D., & Hamlett, C.L. (2005). The prevention, identification, and cognitive determinants of math difficulty. Journal of educational psychology, 97(3), 493-513.

Fuchs, L.S., Fuchs, D., Compton, D.L., Powell, S.R., Seethaler, P.M., Capizzi, A.M., ... & Fletcher, J.M. (2006). The cognitive correlates of third-grade skill in arithmetic, algorithmic computation, and arithmetic word problems. Journal of Educational Psychology, 98(1), 29-43.

Fuchs, L. S., Fuchs, D., Stuebing, K., Fletcher, J. M., Hamlett, C. L., & Lambert, W. (2008). Problem solving and computational skill: Are they shared or distinct aspects of mathematical cognition?. Journal of educational psychology, 100(1), 30-47.

Fuchs, L., Fuchs, D., Seethaler, P. M., & Barnes, M. A. (2020). Addressing the role of working memory in mathematical word-problem solving when designing intervention for struggling learners. ZDM, 52, 87-96.

Graham, S., Berninger, V. W., Abbott, R. D., Abbott, S. P., & Whitaker, D. (1997). Role of mechanics in composing of elementary school students: A new methodological approach. Journal of educational psychology, 89(1), 170.

萩原拓.(2015).適応行動のアセスメント. In 黒田美保編著.これからの発達障害のアセスメント.金子書房.

Hawes, Z., & Ansari, D. (2020). What explains the relationship between spatial and mathematical skills? A review of evidence from brain and behavior. Psychonomic bulletin & review, 27, 465-482.

Hayes, J. R. (2012). Modeling and remodeling writing. Written communication, 29(3), 369-388.

平田正吾, 奥住秀之.(2023).知的障害概念についてのノート（2）～境界知能の現在～. 東京学芸大学教育実践研究紀要, 19, 99-102.

堀田千絵.(2015).学習時の反復検索による幼児の記憶保持の促進効果―語彙理解に遅れのある幼児への有効性の検討―. 特殊教育学研究, 53(3), 143-154.

海津亜希子, 平木こゆみ, 田沼実畝.(2008).読みにつまずく危険性のある子どもに対する早期把握・早期支援の可能性 -Multilayer Instruction Model-Progress Monitoring (MIM-PM) の開発. LD研究, 17(3), 341-353.

海津亜希子, 杉本陽子.(2016).多層指導モデル MIM アセスメントと連動した効果的な「読み」の指導―つまずきのある「読み」を流暢に. 学研.

Katusic, S. K., Colligan, R. C., Barbaresi, W. J., Schaid, D. J., & Jacobsen, S. J. (2001). Incidence of reading disability in a population-based birth cohort, 1976–1982, Rochester, Minn. In Mayo Clinic Proceedings, 76(11). Elsevier. pp. 1081-1092.

川口俊明. (2023). 令和4年度文部科学省委託事業「学力調査を活用した専門的な課題分析に関する調査研究」研究成果報告書 保護者に対する調査の結果を活用した家庭の社会経済的背景(SES)と学力との関係に関する調査研究.

河村暁. (2019). ワーキングメモリを生かす指導法と読み書き教材. 学研プラス.

河村暁. (2022). ワーキングメモリを生かす漢字プリント：漢字の読み書き・語彙のつまずき解消！. 学研プラス.

河村暁. (2023). ワーキングメモリを生かす数・計算の教材：数の合成・分解から分数までの数と計算に関するつまずき解消！. 学研プラス.

河村暁. (2024). ワーキングメモリを生かす文章題・図形の教材：文章題の読み取りや立式と図形・数量関係領域のつまずき解消！. 学研プラス.

Kellogg, R. T. (2008). Training writing skills: A cognitive developmental perspective. Journal of writing research, 1(1), 1-26.

見崎研志, 仲真紀子. (2004). 記憶における反復書記効果. 日本心理学会発表論文, 821.

小嶋恵子. (1996). テキストからの学習. In 波多野譲余夫編, 認知心理学5学習と発達. 東京大学出版会, pp.181-202.

熊谷恵子, 山本ゆう. (2018). 通常学級で役立つ算数障害の理解と指導法. 学研プラス.

熊谷恵子, 山本ゆう. (2020). 特別支援教育で役立つたし算・ひき算の文章題ドリル. 学研プラス.

Lewis, C., Hitch, G. J., & Walker, P. (1994). The prevalence of specific arithmetic difficulties and specific reading difficulties in 9-to 10-year-old boys and girls. Journal of child Psychology and Psychiatry, 35(2), 283-292.

Lin, X. (2021). Investigating the unique predictors of word-problem solving using meta-analytic structural equation modeling. Educational Psychology Review, 33(3), 1097-1124.

Linn, M.C., & Petersen, A.C. (1985). Emergence and characterization of sex differences in spatial ability- A meta-analysis. Child development, 1479-1498.

Mayer, R.E., & Hegarty, M. (1996). Introduction to mathmatical understanding. The Nature of Mathematical Thinking, 29-53.

文部科学省. (2022). 通常の学級に在籍する特別な教育的支援を必要とする児童生徒に関する調査結果について. https://www.mext.go.jp/content/20230524-mext-tokubetu01-000026255_01.pdf【参照2024-8-1】

文部科学省. (2004). 特別支援教育について. https://www.mext.go.jp/a_menu/shotou/tokubetu/material/1298161.htm【参照2024-8-1】

森田香緒里. (2019). 日英児童作文における相手意識の発達過程：コミュニケーション方略の国際比較分析. 人文科教育研究, 46, 1-16.

Naglieri, J. A., & Otero, T. M. (2017). Essentials of CAS2 assessment. Hoboken, NJ: Wiley.

中山健 , 森田陽人 , 前川久男 . (1997). 見本合わせ法を利用した学習障害児に対する英語の読み獲得訓練．特殊教育学研究，35(5)， 25-32.

中田 達也 . (2019). 英単語学習の科学 . 研究社 .

Newton, J.H., & McGrew, K.S. (2010). Introduction to the special issue- Current research in Cattell—Horn—Carroll—based assessment. Psychology in the Schools, 47(7), 621-634.

日本文化科学社 . (2020). 心理検査ご利用時の注意点 . https://www.nichibun.co.jp/usage/【参照 2024-8-1】

Noël, M. P., & Karagiannakis, G. (2022). Effective Teaching Strategies for Dyscalculia and Learning Difficulties in Mathematics. Routledge.

野田航 . (2020). 小学生用算数のカリキュラムに基づく尺度 (算数 CBM) の開発と信頼性・妥当性の検討 - 基礎的な算数スキルに着目して -. LD 研究 , 29(1), 45-56.

Oakhill, J., Cain, K., & Elbro, C. (2014). Understanding and teaching reading comprehension: A handbook. Routledge.

Peng, P., Lin, X., Ünal, Z. E., Lee, K., Namkung, J., Chow, J., & Sales, A. (2020). Examining the mutual relations between language and mathematics- A meta-analysis. Psychological Bulletin, 146(7), 595-634.

Peverly, S. T. (2006). The importance of handwriting speed in adult writing. Developmental Neuropsychology, 29(1), 197-216.

Reeve, R., Reynolds, F., Humberstone, J., & Butterworth, B. (2012). Stability and change in markers of core numerical competencies. Journal of Experimental Psychology: General, 141(4), 649.

Rowe, E., & Eckenrode, J. (1999). The timing of academic difficulties among maltreated and nonmaltreated children. Child Abuse & Neglect, 23(8), 813-832.

齊藤智 , 三宅晶 . (2014). 実行機能の概念と最近の研究動向 . In 湯澤正道 , 湯澤美紀 (編著), ワーキングメモリと教育 . 北大路書房 , pp27-45.

Schneider, M., Beeres, K., Coban, L., Merz, S., Susan Schmidt, S., Stricker, J., & De Smedt, B. (2017). Associations of non-symbolic and symbolic numerical magnitude processing with mathematical competence: A meta-analysis. Developmental science, 20(3), e12372.

Schwenk, C., Sasanguie, D., Kuhn, J. T., Kempe, S., Doebler, P., & Holling, H. (2017). (Non-) symbolic magnitude processing in children with mathematical difficulties- A meta-analysis. Research in developmental disabilities, 64, 152-167.

Sedita., J.(2022). The Writing Rope: A Framework for Explicit Writing Instruction in All Subjects. Brookes Pub.

Stanovich, K. E. (1986). Matthew effects in reading: Some consequences of individual differences in the acquisition of literacy. Reading Research Quarterly, 21, 360-407.

Strohmaier, A. R., Reinhold, F., Hofer, S., Berkowitz, M., Vogel-Heuser, B., & Reiss, K. (2022). Different complex word problems require different combinations of cognitive skills. Educational Studies in Mathematics, 109(1), 89-114.

Shaywitz, S. E., Fletcher, J. M., Holahan, J. M., Shneider, A. E., Marchione, K. E., Stuebing, K. K., ... & Shaywitz, B. A. (1999). Persistence of dyslexia: The Connecticut longitudinal study at adolescence. Pediatrics, 104(6), 1351-1359.

Swanson, J. M., Schuck, S., Porter, M. M., Carlson, C., Hartman, C. A., Sergeant, J. A., ... & Wigal, T. (2012). Categorical and dimensional definitions and evaluations of symptoms of ADHD: history of the SNAP and the SWAN rating scales. The International journal of educational and psychological assessment, 10(1), 51–70.

高橋麻衣子 . (2012). 読解能力の発達における読み聞かせの有用性—聴解と読解での理解成績とわかりやすさ評定の比較から . 読書科学 , 54(3.4), 89-101.

竹田契一 , 奥村智人 , 三浦朋子 . (2014). 「見る力」を育てるビジョン・アセスメント WAVES ガイドブック . 6-125. 学研 .

上野一彦 , 松田修 , 小林玄 , 木下智子 . (2015). 日本版 WISC-IV による発達障害のアセスメント – 代表的な指標パターンの解釈と事例紹介 . 日本文化科学社 .

上田敏 . (1986). リハビリテーションを考える . 青木書店 .

Uno, A., Wydell, T. N., Haruhara, N., Kaneko, M., & Shinya, N. (2009). Relationship between reading/writing skills and cognitive abilities among Japanese primary-school children: Normal readers versus poor readers (dyslexics). Reading and writing, 22, 755-789.

Vogel, S. E., & De Smedt, B. (2021). Developmental brain dynamics of numerical and arithmetic abilities. npj Science of Learning, 6(1), 1-11.

Wilson, A. J., & Dehaene, S. (2007). Number sense and developmental dyscalculia. In D. Coch, G. Dawson, & K. Fischer (Eds.), Human behavior, learning and the developing brain: Atypical development. New York: Guilford, pp212–238.

Wydell, T. N., & Butterworth, B. (1999). A case study of an English-Japanese bilingual with monolingual dyslexia. Cognition, 70(3), 273-305.

湯澤美紀 , 河村暁 , 湯澤正通 . (2013). ワーキングメモリと特別な支援：一人ひとりの学習のニーズに応える . 北大路書房 .

湯澤正通 , & 湯澤美紀 . (2011). 乳幼児期の数量の概念変化 . 心理学評論 , 54(3), 283-295.

湯澤正通 , 湯澤美紀 . (2017). ワーキングメモリを生かす効果的な学習支援 . 学研プラス .

湯澤美紀 , 湯澤正通 , 山下桂世子 (2017). ワーキングメモリと英語入門：多感覚を用いたシンセティック・フォニックスの提案 . 北大路書房 .

Zhang, Y., Tolmie, A., & Gordon, R. (2023). The Relationship Between Working Memory and Arithmetic in Primary School Children: A Meta-Analysis. Brain Sciences, 13(1), 22.

著者プロフィール

河村 暁（かわむら さとる）

福岡教育大学教職大学院准教授。

福岡教育大学卒、筑波大学博士課程人間総合科学研究科修了。博士（心身障害学）。民間支援機関「発達ルームそら」にてワーキングメモリの観点に基づき学習支援を行ってきた。2021年より広島文化学園大学准教授、2023年より現職。

著書に『子どもの特性と対応がわかる！ 「特別支援教育」の基本とコツがわかる本』（ソシム）、『ワーキングメモリを生かす指導法と読み書き教材』『ワーキングメモリを生かす漢字プリント』『ワーキングメモリを生かす数・計算の教材』『ワーキングメモリを生かす文章題・図形の教材』（学研プラス）、『教室の中のワーキングメモリ』（明治図書出版）などがある。

● 本書の一部または全部について、個人で使用するほかは、著作権上、著者およびソシム株式会社の承諾を得ずに無断で複写/複製/転載/データ転送することは禁じられております。

● 本書の内容に関して、ご質問やご意見などがございましたら、書籍タイトル、ご質問のページ番号などを明記の上、上記までFAXにてご連絡いただくか、弊社ウェブサイトに記載のお問い合わせメールアドレスまで内容をご送付ください。なお、電話によるお問い合わせ、本書の内容を超えたご質問には応じられませんのでご了承ください。

カバー・本文デザイン	二ノ宮 匡（nixinc）
カバー・本文イラスト	寺崎 愛
本文イラスト	河村 暁
DTP	西嶋 正

初めて「学習支援」に取り組む人のための LD（学習障害）・学習困難のある子どもへの 「学習支援」入門

2024 年　 9 月 27 日　初版第 1 刷発行
2024 年　10 月 18 日　初版第 2 刷発行

著　者　　河村 暁
発行人　　片柳 秀夫
発行所　　ソシム株式会社
　　　　　https://www.socym.co.jp/
　　　　　〒101-0064 東京都千代田区神田猿楽町1-5-15　猿楽町 SS ビル
　　　　　TEL　03-5217-2400（代表）
　　　　　FAX　03-5217-2420
印刷　　　株式会社暁印刷

定価はカバーに表示してあります。
落丁・乱丁は弊社編集部までお送りください。送料弊社負担にてお取り替えいたします。
ISBN978-4-8026-1474-0
Ⓒ2024 Satoru Kawamura
Printed in JAPAN